Veronika Pichl

DIE *Glukose* FORMEL

DAS KOCHBUCH

Veronika Pichl

DIE Glukose FORMEL

DAS KOCHBUCH

Die besten Tipps, Tricks und Rezepte zur Regulierung des Blutzuckerspiegels

riva

Inhalt

Mehr Lebensqualität durch einfache Rezepte und Tipps nach der Glukoseformel

Wenn der Blutzuckerspiegel Achterbahn fährt, wirkt sich dies unmittelbar auf den Stoffwechsel aus. Wer kennt das Phänomen nicht? Heißhunger, Stimmungsschwankungen, Konzentrationsschwierigkeiten und Anfälligkeit für Krankheiten sind nur einige Beispiele dafür, was diese Blutzuckerschwankungen bewirken können.
Der Glukosespiegel ist ausgesprochen wichtig für unser Wohlbefinden und unsere Gesundheit. Damit er möglichst ausgeglichen ist, sollte der Fokus auf eine ausgewogene Ernährung gelegt werden, aber auch Gewohnheiten und Verhaltensweisen spielen hierbei eine Rolle. Dieses Buch soll als praktischer Leitfaden dienen, um mit kleinen Schritten viele positive körperliche und gesundheitliche Effekte zu erreichen. Dabei geht es aber nicht etwa um Verzicht oder die x-te Diät, sondern um den Gewinn von neuer Energie und mehr Schwung, um einfache und für jeden praktikable Alltagstipps. Meistens kommt dabei nicht nur das Wohlbefinden von ganz allein – die Pfunde purzeln ebenfalls.
Schluss mit Nachmittagstief, schlechter Laune, Süßigkeitenhunger und Konzentrationsproblemen! Mit den Tipps und Rezepten nach der Glukoseformel lässt sich diese Spirale ein für alle Mal durchbrechen und Sie werden schon bald die positiven Auswirkungen spüren.

Von Glukose, Insulin und ungesunden Achterbahnfahrten

Moderne Ernährungsgewohnheiten – zu viel, zu häufig und oft ungesund

Früher war alles besser? Wenn von Ernährung die Rede ist, trifft diese Maxime zu großen Teilen zu. Die Fakten sprechen für sich: In den letzten Jahren stieg die Anzahl an Diabeteserkrankungen allein in Deutschland alljährlich um eine halbe Million Fälle. Dies war jedoch nicht immer so, denn noch zu Beginn des 19. Jahrhunderts waren Stoffwechselerkrankungen sehr selten: Gicht galt als »Krankheit der Könige«, waren doch übermäßiger Wohlstand und der damit verbundene ungehemmte Konsum von Lebensmitteln der Auslöser für die Erkrankung. Heute sieht die Situation allerdings etwas anders aus: Typ-2-Diabetes ist zur Volkskrankheit geworden, die in allen Bevölkerungsschichten vorkommt. Darüber

hinaus befinden sich viele Menschen im Prädiabetes-Stadium, wenn die Blutzuckerwerte zwar erhöht sind, die Krankheit jedoch noch nicht ausgebrochen ist.

Schuld an dieser Schieflage sind unsere modernen Ernährungsgewohnheiten. Wir essen zu viel – und oft auch noch ungesunde, stark verarbeitete Lebensmittel wie Fertiggerichte oder Fast Food. Im Gegensatz zu vergangenen Jahrhunderten gibt es heutzutage ein Überangebot an Lebensmitteln. Vorbei sind auch die Zeiten, als man zwei- bis dreimal täglich eine Mahlzeit zu sich nahm: Wir werden dazu angehalten, immer und überall zu essen. Das sogenannte »Snacking« ist aus den Vereinigten Staaten herübergeschwappt und hat sich auch in Europa eingebürgert. Neben den Hauptmahlzeiten nehmen wir ständig etwas zu uns. Hinzu kommt, dass allerlei zuckerhaltige Kaffee- und Getränkespezialitäten Einzug in unseren Alltag gefunden haben. Ein einziges Kaffeegetränk mit reichlich Milch, Sahne und Sirup kann den empfohlenen Tagesbedarf an Zucker um ein Vielfaches übersteigen. Nicht einmal der Gang zum Supermarkt ist erforderlich, denn wir können uns unsere Lieblingsspeisen direkt nach Hause liefern lassen. In der Regel greifen wir zu Snacks, die kohlenhydrat- und kalorienreich sind. Das Problem liegt darin, dass solche Snacks nicht satt machen. Im Gegenteil: Sie treiben den Insulinspiegel in die Höhe und regen den Appetit an. Die Situation wird dadurch verschärft, dass wir uns immer weniger bewegen und zahlreichen Stresssituationen ausgesetzt sind.

Im Zusammenhang mit gesunder und ausgewogener Ernährung spielt vor allem dieses Stichwort eine wichtige Rolle: Glukose. Neben Fruktose ist Glukose der am häufigsten vorkommende Zucker. Der menschliche Körper produziert das Hormon Insulin, um Glukose aus der Blutbahn in die Zellen zu schleusen. Je mehr Glukose man konsumiert, zum Beispiel durch Stärke und Zucker, desto mehr Insulin wird produziert. Bei dauerhaft erhöhtem Zuckerkonsum kann es zu einer Insulinresistenz kommen, wenn die Zellenrezeptoren dem Insulin gegenüber unempfindlich werden und die Glukose aus dem Blut nicht mehr aufnehmen können. Dies ist die erste Stufe auf dem Weg zu einem Typ-2-Diabetes. Während wir oftmals unsere Gene für Übergewicht und Insulinresistenz verantwortlich machen, zeigen Studien, dass der Lebensstil entscheidend ist. Diese Erkrankungen sind weitaus stärker durch die Lebensweise als durch die Gene bestimmt. Trotz einer entsprechenden Veranlagung kann man sich davor schützen, an Diabetes und anderen Stoffwechselerkrankungen zu leiden, indem man sich gesund ernährt. Eine ausgewogene Ernährung beinhaltet natürliche Lebensmittel. Fertiggerichte und Fast Food sollten eher selten auf dem Speiseplan stehen, da sie meist reichlich Zucker beziehungsweise leere Kohlenhydrate enthalten.

Was ist Glukose?

Glukose (oder Glucose) ist ein Zuckermolekül, genauer gesagt ein Einfachzucker. Glukose gehört zu den Kohlenhydraten und dient Menschen, Tieren und sogar Pflanzen als wichtige Energiequelle. Im menschlichen Körper kann es in Form von Glykogen in den Muskeln oder in der Leber gespeichert werden, während Pflanzen es als Stärke speichern. Zusammen mit Fruktose ergibt Glukose Saccharose, den sogenannten Haushaltszucker. Unsere Körperzellen benötigen Energie, um zu funktionieren und zu überleben. Hier kommt Glukose ins Spiel – als eine schnelle und leicht verfügbare Energiequelle. Nur mit ausreichend Glukose kann unser Körper seine normalen Funktionen aufrechterhalten.

Nimmt man jedoch zu viel Glukose zu sich, kann das negative Auswirkungen auf die Gesundheit haben. Stoffwechselerkrankungen wie beispielsweise Diabetes, Herz-Kreislauf-Erkrankungen und Übergewicht können die Folge sein. Auch kann das Risiko für weitere gesundheitliche Probleme steigen, beispielsweise kann eine erhöhte Glukosezufuhr zu einer Insulinresistenz oder einer Fettleber führen. Durch größere Mengen an Glukose schnellt der Insulinlevel im Blut nach oben und führt danach zu einem rapiden Absinken des Blutzuckerspiegels. Das wiederum kann Hungergefühle, Müdigkeit oder Konzentrationsschwäche auslösen und betrifft somit auch Menschen, die (noch) an keiner Stoffwechselerkrankung wie Diabetes leiden.

Warum nehmen wir immer mehr Glukose zu uns?

Der Einfachzucker kommt in zahlreichen Lebensmitteln vor, beispielsweise in Obst oder stärkehaltigen Nahrungsmitteln wie Kartoffeln. In der Natur kommt Zucker jedoch nie allein vor, er wird in der Regel von Ballaststoffen begleitet. Diese sorgen dafür, dass der Körper die Glukose langsam aufnimmt. Das verhindert das berüchtigte Zucker-High und beugt Insulinspitzen vor. Heutzutage sieht der Alltag jedoch so aus, dass uns im Supermarkt hauptsächlich Lebensmittel begegnen, die aus Zucker und Stärke bestehen. Dazu zählen unter anderem Säfte und Erfrischungsgetränke, Frühstücksflocken, Weißbrot und Gebäck, gesüßter Joghurt und Pudding. Ernähren wir uns von diesen Produkten, konsumieren wir also sozusagen rund um die Uhr Zucker.

Menschen sind von Natur aus darauf gepolt, Süßes zu mögen. Zucker liefert schnelle Energie und sorgt dafür, dass unser Hirn von dem Wohlfühlhormon Dopamin durchflutet wird. Wissenschaftlich ist schon längst belegt,

dass der Körper nie genügend Dopamin haben kann und stets nach mehr verlangt, was auch unseren Hang zu gezuckerten Lebensmitteln erklären dürfte. Menschen haben schon immer Zucker zu sich genommen, doch war die Menge früher viel geringer als heute. Raffinierter Zucker ist eine relativ neue Erfindung, deren Verfügbarkeit in direkten Zusammenhang mit der Verbreitung von Zivilisationskrankheiten gebracht werden kann. Hinzu kommt, dass heutzutage selbst herzhafte Speisen wie Ketchup, Dressings oder Burger Zucker enthalten. Man kann ihm also nicht wirklich entgehen – es sei denn, man kocht selbst und achtet darauf, den zubereiteten Speisen keinen Zucker hinzuzufügen.

Insulin und der Blutzuckerspiegel

Bei der Verdauung wird die Nahrung in ihre Hauptbestandteile – Fett, Eiweiß und Kohlenhydrate – zerlegt. Die Kohlenhydrate werden in Glukose aufgespalten, die durch die Darmwand ins Blut gelangt.

Wenn unsere Nahrung viele Kohlenhydrate enthält, steigt der Blutzuckerspiegel an. Um den Blutzuckerspiegel zu kontrollieren und konstant zu halten, wird Insulin benötigt. Insulin ist ein Hormon, das in der Bauchspeicheldrüse produziert und ausgeschüttet wird. Es schließt die Körperzellen auf, damit diese Glukose aufnehmen können. Die Glukose, die die Körperzellen nicht sofort verbrauchen, wird in der Leber als Glykogen gespeichert. Glykogen dient sozusagen als Vorrat, auf den der Körper zur Energiegewinnung zurückgreifen kann.

Ohne Insulin können die Zellen die Glukose nicht richtig verarbeiten und der Blutzuckerspiegel steigt an. Insulin ist also ein Hormon, das den Blutzuckerspiegel reguliert und dem Körper hilft, Glukose in Energie umzuwandeln. Bei Diabetes mellitus wirkt Insulin nicht – entweder, weil es nicht vorhanden ist oder die Zellrezeptoren nicht mehr auf das Hormon reagieren. Bei Typ-2-Diabetes ist Insulin zwar vorhanden, kann seinen Aufgaben jedoch nicht nachkommen. Diabetiker müssen meist Insulin spritzen oder Tabletten einnehmen, um den Blutzuckerspiegel unter Kontrolle zu halten.

Ein gesunder Blutzuckerspiegel basiert sowohl auf einer angemessenen Menge an Glukose als auch auf einem optimal funktionierenden Insulinsystem. Für den Erhalt eines gesunden Blutzuckerspiegels helfen eine ausgewogene Ernährung mit viel Gemüse und Ballaststoffen und geringem Konsum von Zucker und Alkohol sowie regelmäßige körperliche Bewegung: Sport kann helfen, den Blutzucker zu regulieren, denn Muskeln verbrennen Zucker als Energiequelle und senken so den Glukosespiegel im Blut. Mehr in den Tipps und Tricks ab S. 13.

Glukosespitzen und ihre negativen Auswirkungen

Blutzuckerschwankungen und die damit einhergehenden Probleme werden in der Regel im Zusammenhang mit Diabetes diskutiert. Doch nicht nur Diabetiker haben damit zu kämpfen. Eine falsche Ernährungsweise mit extremen Glukosespitzen führt bei den meisten Menschen über kurz oder lang zu negativen Auswirkungen auf die Gesundheit.

Es ist noch nicht einmal Mittag, man hat eigentlich erst vor kurzer Zeit gut gefrühstückt, und schon wieder meldet sich der Hunger? Dieses Szenario ist vielen bekannt. Der Grund für den plötzlichen Heißhunger kann der schwankende Blutzuckerspiegel sein. Hervorgerufen durch ein leckeres Frühstück aus Croissants, Brötchen mit Nutella oder süßem Müsli. Das treibt den Blutzucker schlagartig in die Höhe. Nur kurze Zeit nach der Glukosespitze setzt dann auch schon das Tief ein – und mit ihm kommen Konzentrationsstörungen, Müdigkeit und übermäßiger Hunger. Wenn man jetzt gleich wieder zu einer stärke- und

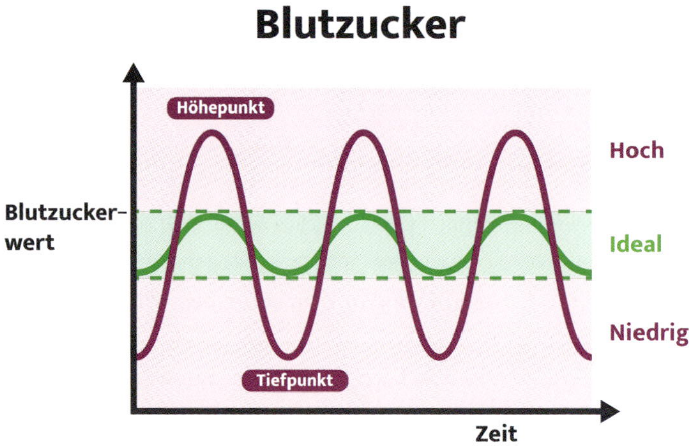

zuckerhaltigen Mahlzeit greift, geht die ungesunde Spirale weiter.

Typischerweise stellen sich Glukosespitzen nach einer kohlenhydratreichen Mahlzeit ein, können jedoch auch als Folge von Stress auftreten. In der Regel ist ein Anstieg der Blutzuckerkurve normal, wenn er nicht allzu oft eintritt und sich auch in einem gewissen Rahmen bewegt. Problematisch wird es erst dann, wenn es täglich zu mehreren hohen Blutzuckerspitzen kommt und sich der Körper in einem Zustand der Überzuckerung befindet. Wenn der Glukosespiegel dauerhaft erhöht ist, landen schnell ein paar Kilo mehr auf den Hüften und das Abnehmen gestaltet sich besonders schwer. Denn wenn allzu viel Insulin durch das Blut kursiert, holt sich der Körper seine Energie aus der Glukose, die Fettzellen hingegen bleiben als Energielieferanten unangetastet. Dies führt dazu, dass der Körper kein Fett abbaut, was eine Gewichtsabnahme unmöglich macht. Weitere gesundheitliche Folgen von Glukosespitzen sind Migräne, Schlafstörungen oder Hitzewallungen, die bei vielen Menschen langfristig zu Erkrankungen wie Akne, Demenz, Krebs und einer Fettleber führen. Die Schwankungen haben nicht nur körperliche, sondern auch psychische Auswirkungen. Die Stimmung fährt Achterbahn und kann blitzschnell umschlagen.

Ein dauerhaft erhöhter Blutzuckerspiegel führt zu Insulinresistenz, die schlussendlich in Diabetes umschlagen kann. Die Mitochondrien, die als Kraftwerke der Zellen fungieren, sind dem Glukoseansturm nicht gewachsen. Das führt zum sogenannten »oxidativen Stress« für Zellen und Gewebe und kann Entzündungen hervorrufen, die beispielsweise den Alterungsprozess beschleunigen und zu grauem Star oder Herz-Kreislauf-Erkrankungen führen können.

So vermeidet man Glukosespitzen – Tipps und Tricks für einen ausgeglichenen Blutzuckerspiegel

Wir wissen nun also, wie die Achterbahnfahrten des Blutzuckers entstehen. Nach einer hohen Glukosespitze folgt unumstößlich ein Tief und mit diesen starken Schwankungen gehen einige Probleme einher. Um den Blutzucker zu regulieren, sollte man sich überwiegend ausgewogen und glukosearm ernähren und bestimmte Verhaltensweisen ändern.

Nun zeige ich Ihnen Tipps, Tricks und leckere Rezepte nach der Glukoseformel, die Sie ganz einfach in den Alltag integrieren können. Und das ganz ohne radikale Veränderungen und Verbote. Sie werden die positiven Effekte schon bald spüren!

1. Die erste Mahlzeit des Tages sorgt für Balance

Die erste Mahlzeit ebnet den Weg für den weiteren Tagesverlauf. Dabei ist es egal, zu welcher Tageszeit wir sie einnehmen. Entscheidend ist, welche Nahrungsmittel nach der Nachtruhe als erste ihren Weg in unseren nüchternen Magen finden. Denn zu diesem Zeitpunkt reagieren wir ganz besonders sensibel auf Glukose.

Nun hat es sich bei uns so eingebürgert, dass wir am frühen Morgen glukosehaltige Speisen essen. Die meisten von uns greifen morgens zu (gezuckerten) Müslis, Croissants, Brötchen mit Butter und Fruchtaufstrich, Keksen oder Bananenbrot. Die Glukosespitze – bei vielen Menschen durch das süße Frühstück sogar die höchste des Tages! – ist also so gut wie vorprogrammiert. Das heißt, dass wir schneller wieder Hunger verspüren. Und nicht nur das, auch im Verlauf des Tages gerät der Blutzuckerspiegel aus dem Gleichgewicht und weitere Mahlzeiten können starke Glukosespitzen auslösen.[1]

Um den Blutzuckerspiegel flach zu halten und ihn für den Rest des Tages in die richtigen Bahnen zu lenken, ist ein herzhaftes Frühstück eine gute Wahl, zum Beispiel ein Omelett mit Kirschtomaten und einer Scheibe Vollkornbrot oder noch besser Körnerbrot (S. 144). Diese Kombination aus Proteinen und komplexen Kohlenhydraten mit Ballaststoffen wird langsam verdaut und hält uns lange satt. Ein weiterer Vorschlag ist Avocado auf Toast mit einem gekochten Ei oder ein Lachs-Bagel (S. 50). Hierbei sorgen Omega-3-Fettsäuren und Protein für eine ausgewogene und nährstoffreiche Kombination.

Wenn Sie dennoch ein süßes Frühstück bevorzugen, gibt es auch gesunde Optionen, die den Blutzuckerspiegel stabil halten und dafür sorgen, dass die Glukosespitze flacher ausfällt.

Bereiten Sie sich das Granola (S. 44) zu und genießen Sie eine Portion davon zusammen mit griechischem Joghurt und frischen Beeren. Oder wie wäre es mit dem Chiapudding (S. 47)?
Ein ausgewogenes und nährstoffreiches Frühstück, bestehend aus Proteinen, Ballaststoffen und gesunden Fetten – und optional dazu etwas Stärke und Obst, hält uns den ganzen Morgen über satt und stabilisiert unseren Blutzuckerspiegel. Vermeiden Sie verarbeitete Lebensmittel wie gezuckerte Müslis oder gezuckerten Fruchtjoghurt.
Sie können sich Ihr Frühstück auch ganz leicht selbst zusammenstellen, zum Beispiel durch die Kombination folgender Lebensmittel:

Protein/Fett:
Wurstaufschnitt (Hähnchen, Pute, Schinken), Eier, Fleisch, Fisch (zum Beispiel Thunfisch oder geräucherter Fisch), Frischkäse, griechischer Joghurt, Hüttenkäse, Käseaufschnitt, Tofu

Protein/Fett/Ballaststoffe:
Kerne (Kürbiskerne, Sonnenblumenkerne), Mandeln, Mandelmilch, Nuss- und Mandelmus, Saaten (Chiasamen, Hanfsamen, Leinsamen)

Fett:
Avocado, Öl (zum Beispiel Olivenöl), Butter

Ballaststoffe:
Gemüse (zum Beispiel Blumenkohl, Brokkoli, Gurken, Tomaten, Kohlrabi, Karotten, Spargel), Salat und grünes Blattgemüse (zum Beispiel Eisbergsalat, Kopfsalat, Lollo rosso, Rucola, Spinat, Stangensellerie)

Stärke/Früchte:
Backwaren (Brötchen, Brot, Toast) möglichst aus Vollkornmehl, Haferflocken, Haferkleie, auch Kartoffeln, Reis, Quinoa und ganze Früchte (zum Beispiel Apfel, Beeren).

So können Sie Ihr bisheriges Frühstück ganz einfach besser und verträglicher für Ihren Blutzuckerspiegel zubereiten.

Croissants mit Marmelade und Fruchtsaft	Croissants belegt mit Salat, 1 Scheibe Schinken, Rührei	Omelette-Wraps mit Salat und Gemüse

Weitere Frühstücksideen

1. Omelette mit Spinat und Tomaten
2. (Vollkorn-)Brötchen mit Frischkäse, Salatblatt, Hähnchenbrustaufschnitt und einigen Kirschtomaten
3. Toast/Brot mit Thunfisch, Zwiebeln und Tomatenscheiben
4. Toast/Brot, aufgeschnittene Avocado, Tomaten und Ei
5. Toast/Brot, belegt mit Schinken, einigen Spargelstangen aus dem Glas, dazu Tomaten und Gurken
6. Tomate mit Mozzarella und Basilikumblättern
7. »English Breakfast« aus Würstchen, Bohnen, Speck, Ei, Tomaten, Toast/Brot
8. Knabbergemüse (Karotten oder Kohlrabi) und Hummus, dann Toast/Brot mit Aufschnitt und Gurkenscheiben
9. Griechischer Joghurt, 1 EL Mandelmus, 1 Handvoll Himbeeren oder Beeren nach Belieben

Eine Checkliste für glukosefreundliche Frühstücksideen finden Sie auf der Bonusseite zum Buch unter **happyfitfood.de/glukoseformel**. Falls Sie doch mal süß frühstücken oder zum Brunch eingeladen sind, können Sie vorher zum Beispiel ein paar Mandeln oder ein gekochtes Ei essen. Mehr über den Effekt von Ballaststoffen und Proteinen, der richtigen Reihenfolge und Tipps, die Sie sonst noch nutzen können, um die Glukosekurve einer süßen Mahlzeit flacher zu halten, erfahren Sie auf den nächsten Seiten.

Sorgt für Ausgleich: das Frühstück

Die erste Mahlzeit des Tages hilft dabei, den Blutzuckerspiegel auch im Laufe des Tages auf einem möglichst ausgeglichenen Niveau zu halten. Darum ist dieser Tipp so wichtig und steht hier an erster Stelle!

Achten Sie deshalb ab heute darauf, was Sie zuerst essen. Probieren Sie die leckeren Frühstücksideen ab S. 39 und die Eierspeisen ab S. 53. Oder kombinieren Sie clever mit den empfohlenen Lebensmitteln.

2. Mehr Ballaststoffe in die Ernährung bringen

Ballaststoffe sind die weitgehend unverdaulichen Bestandteile von Pflanzen. Früher galten diese sogenannten Nahrungsfasern als unnötig und wurden somit als »Ballast« bezeichnet – daher auch ihr heutiger Name. Seit einiger Zeit weiß man jedoch, wie wichtig Ballaststoffe für die Verdauung und die Gesundheit des Magen-Darm-Trakts sind. Trotzdem nehmen wir heutzutage nicht ausreichend Ballaststoffe zu uns, da viele unserer Lebensmittel industriell verarbeitet sind.

Ballaststoffe wirken sich positiv auf den Blutzuckerspiegel aus. Da sie zum größten Teil unverdaulich sind, wird der Magen schnell voll, was die Aufnahmefähigkeit für Nahrung stark einschränkt. Je mehr Ballaststoffe wir zu uns nehmen, desto weniger Kalorien essen wir – und werden trotzdem satt. Außerdem reduzieren Ballaststoffe die Aufnahme von Zuckermolekülen. Die Darmtätigkeit wird angeregt, was sich positiv auf die Gesundheit auswirkt.

Als Ballaststofflieferant wird oft Vollkornbrot genannt. Doch gerade bei Brot sollte man Vorsicht walten lassen, denn so manch ein Vollkornbrot enthält kaum mehr Ballaststoffe als Weißbrot. Deshalb ist es am besten, wenn man eine möglichst dunkle und dichte Sorte wie Sauerteigbrot aus Roggen wählt. Allerdings ist auch dieses ballaststoffreiche Brot alles andere als optimal, da es nach wie vor Stärke enthält und somit eine Glukosespitze auslöst. Backen Sie Ihr Brot doch einfach selbst mit dem Brotrezept auf S. 144, und zwar ganz ohne Mehl, aber mit vielen Ballaststoffen und gesunden Fetten.

Auch viele Gemüsesorten haben eine ansehnliche Menge Ballaststoffe, zum Beispiel Artischocken, Fenchel, grünes Gemüse wie Kohl (Blumenkohl, Brokkoli, Rosenkohl, Rotkohl, Wirsing), Pastinaken, Kartoffeln, Karotten, Kürbis, Süßkartoffeln und Spinat.

Bei den Früchten zählen Passionsfrucht, Avocado, Beeren (Himbeeren, Heidel- und Johannisbeeren), Birnen, Bananen, Äpfel und Kiwis zu ballaststoffreicheren Sorten.

Sehr ballaststoffreich sind Hülsenfrüchte (Bohnen, Linsen, Kichererbsen), Nüsse, Mandeln und Saaten (Chiasamen, Leinsamen, Sesamsamen).

Besonders zu erwähnen sind Flohsamenschalen, denn 100 Gramm dieser Samen enthalten 80 Gramm Ballaststoffe! Eine kleine Menge reicht aus, um die Darmtätigkeit anzukurbeln. Man kann Flohsamenschalen ins Müsli geben, sie in Brot und Crackern mitbacken oder 1 TL davon in ein Glas Wasser oder einen Essig-Drink (siehe »Essig-Trick« S. 22) einrühren.

Um von den positiven Effekten auch richtig zu profitieren, sollten die Lebensmittel im Ganzen verzehrt werden. Durch das Pürieren zum Beispiel von Gemüse in Suppen werden die Ballaststoffketten weitestgehend zerstört und die Aufnahme von Ballaststoffen ist dadurch eher gering. Legen Sie einfach einige ganze Brokkolistücke nach dem Kochen beiseite und geben Sie diese nach dem Pürieren wieder in die Suppe. Mit Hanf- oder Leinsamen bestreuen – fertig.

Für eine ballaststoffreiche Ernährung

Mischen Sie Ihrer Nudelpfanne gekochtes Gemüse bei.	Füllen Sie eine Hälfte des Tellers mit ballaststoffreichem Gemüse und Salat.	Knabbern Sie vor jeder Mahlzeit etwas Gemüse-Rohkost mit einem Dip.

Steigern Sie den Anteil schrittweise

Bringen Sie ab sofort immer mehr Ballaststoffe in Ihre Ernährung, und zwar am besten zu oder vor jeder Mahlzeit und jedem Snack, den Sie zu sich nehmen. Steigern Sie den Anteil langsam und beginnen Sie mit gegartem Gemüse. Das ist leichter verdaulich. Danach können Sie immer mehr Rohkost hinzunehmen (zum Beispiel in Form von Gemüsesticks). Kauen Sie Ihre ballaststoffreichen Lebensmittel gut und trinken Sie über den Tag verteilt ausreichend Flüssigkeit.

3. Die richtige Reihenfolge

Die Reihenfolge, in der wir bestimmte Lebensmittel zu uns nehmen, hat eine große Auswirkung auf den Blutzuckerspiegel. Mittlerweile sind sich Ernährungswissenschaftler einig: Zuerst sollte man Ballaststoffe zu sich nehmen, anschließend Fette und Eiweiß, gefolgt von Stärke und Zucker. Studien haben gezeigt, dass diese Abfolge ähnliche Effekte wie Diabetesmedikamente erzielt. Ballaststoffe kommen zuerst, da sie die Wirkung des Enzyms abschwächen, das Stärke in Glukosemoleküle aufspaltet. Außerdem steigern sie das Sättigungsgefühl: Man verzehrt also weniger und bleibt dabei länger satt.[2]

Praktisch sieht dies so aus:

Zuerst isst man Gemüse und Salat, dann Fisch, Fleisch oder Ei und zum Schluss Stärke und Zucker wie Kartoffeln, Reis oder Nudeln beziehungsweise Obst oder ein Dessert. Es ist nicht notwendig, Pausen zwischen den einzelnen Nährstoffgruppen einzulegen.

Ballaststoffe heißen ja auch deshalb so, da sie zum größten Teil unverdaulich sind. Sie regen die Darmtätigkeit an, wodurch wiederum die körpereigenen Abwehrkräfte gestärkt werden. Wenn man zuerst ballaststoffreiche Lebensmittel wie Salat oder Gemüse zu sich nimmt, wirkt dies einer späteren potenziellen Glukosespitze entgegen. Diese Wirkung wird zusätzlich verstärkt, indem wir auf die Ballaststoffe Fette und Eiweiß folgen lassen. Diese Nährstoffgruppen sind sehr sättigend und beugen Heißhunger vor.
Zum Schluss kommen Stärke und Zucker wie Nudeln, Reis und eine Nachspeise oder Obst. Nun hält sich der Irrglaube, Obst faule nach einer Mahlzeit im Magen vor sich hin. Wissenschaftlich gesehen entspricht dies nicht den Tatsachen. Allerdings leiden manche Menschen unter Blähungen und Völlegefühl, wenn sie Obst am Ende einer Mahlzeit essen. In diesem Fall ist es eine gute Idee, es einfach auszuprobieren und auf den eigenen Körper zu hören.

Wie setzt man die richtige Reihenfolge beim Essen um?

Beispiel 1: Die einzelnen Nahrungsbestandteile sind getrennt angerichtet.

1. Brokkoli und Tomaten (Gemüse)
2. Fisch (Protein/Fett)
3. Reis (Kohlenhydrate/Stärke)

Jetzt wird es schon schwieriger

Beispiel 2: Hier beim Hähnchen-Paprika-Curry ist die Proteinquelle mit Gemüse vermischt.

1. Feldsalat (Salat)
2. Hähnchen-Paprika-Curry (Protein/Fett + Gemüse)
3. Reis (Kohlenhydrate/Stärke)

In welcher Reihenfolge sollen wir also Speisen essen, die bunt gemischt sind, wie Eintöpfe oder Mahlzeiten, die (nahezu) kein Gemüse und keinen Salat enthalten, zum Beispiel Spaghetti Bolognese? Fügen Sie einfach eine Vorspeise hinzu! Mehr dazu erfahren Sie im nächsten Tipp.

Die Reihenfolge beeinflusst den Blutzuckerspiegel

Versuchen Sie ab heute Ihre Mahlzeiten in der optimalen Reihenfolge zu essen: erst Gemüse und Salat, dann Proteine und Fette wie Fleisch, Fisch oder Ei und zum Schluss Stärke und Zucker wie Kartoffeln, Reis, Nudeln und Obst oder ein Dessert. Und falls das aufgrund der Zusammensetzung des Gerichts oder zum Beispiel bei einem Restaurantbesuch nicht möglich ist, beherzigen Sie einfach den Vorspeisentipp auf S. 20.

4. Eine Vorspeise hinzufügen

Beim Essen spielt die richtige Reihenfolge der Lebensmittel eine wichtige Rolle. Wenn wir diese Reihenfolge einhalten, wirken wir aktiv Glukosespitzen entgegen und sorgen somit dafür, dass unser Blutzuckerspiegel konstant bleibt. Zuerst essen wir Ballaststoffe, anschließend Eiweiß und Fette, zum Schluss Kohlenhydrate. Nun kann es natürlich vorkommen, dass man die einzelnen Bestandteile einer Mahlzeit nicht trennen kann oder will. Doch es gibt einen Ausweg: Man fügt ganz einfach eine Vorspeise hinzu!

Optimal ist eine Vorspeise aus Salat und/oder Gemüse und/oder Hülsenfrüchten. Am besten ist es, wenn die Menge der Vorspeise in etwa der bevorstehenden Menge an Kohlenhydraten entspricht.

Damit die Glukosekurve schön flach bleibt, sollte man das Hauptgericht zeitnah nach der Vorspeise essen. Zwei Stunden nach dem Essen haben die Ballaststoffe den Magen und den oberen Teil des Dünndarms bereits passiert und können somit keinen Einfluss mehr auf die Glukosespitze ausüben.

Empfehlenswerte Lebensmittel für die Vorspeise nach der Glukoseformel:

Gemüse aller Art (bis auf sehr stärkereiche Sorten wie Kartoffeln): zum Beispiel Blumenkohl, Brokkoli, Kohlrabi, Paprikaschoten oder Pilze

Kräuter: Basilikum, Oregano, Thymian, Rosmarin

Salate aller Art: zum Beispiel Blattspinat, Eisbergsalat, Endivien, Lollo bionda und Lollo rosso, Kopfsalat oder Rucola. Salat sollte man mit Essig und Öl statt mit Fertigdressings aus dem Supermarkt zubereiten, da diese mitunter viel Zucker enthalten.

Grundsätzlich darf man der Vorspeise aus Gemüse, Kräutern und Salat auch etwas Fett und Protein hinzufügen, etwa durch ein Dressing aus griechischem Joghurt, gehackte Nüsse, Fetabrösel zum Drüberstreuen oder einen Dip zum Gemüse.

Geeignete Vorspeisenrezepte

Salat	Suppe	Gemüse mit Dip
Grüner Salat mit Radieschen, S. 70	Kunterbunte Gemüsesuppe, S. 62	Baba Ganoush mit Gemüsesticks, S. 96

Vorspeisenrezepte finden Sie ab S. 77.

Weitere Ideen für eine schnelle Zubereitung

- einige Stangen Spargel aus dem Glas
- gekochtes oder im Ofen gebackenes Gemüse wie Brokkoli, Blumenkohl oder Karotten. Am besten gleich für ein paar Tage vorbereiten und im Kühlschrank lagern
- Salat aus Kidneybohnen aus der Dose und Zwiebelwürfeln, vermischt mit Essig und Öl
- Artischockenherzen aus dem Glas
- Kirschtomaten, nach Belieben gemischt mit einigen Mini-Mozzarella-Kugeln
- Karotten mit Hummus
- 1 TL grünes Pesto, vermischt mit einer Schale Tomaten- oder Gurkenwürfeln

Man sollte keine Bedenken haben, wenn durch die Vorspeise zusätzliche Kalorien aufgenommen werden. Denn Kalorien sind nicht gleich Kalorien (siehe S. 34): Orangensaft würde eine Glukosespitze auslösen, dieselbe Kalorienmenge in Form von Gemüse bewirkt genau das Gegenteil. Die Vorspeise sorgt dafür, dass die Glukosekurve niedriger verläuft und weniger Insulin ausgeschüttet wird. Unter anderem kann der Körper dadurch auch schneller wieder zur Fettverbrennung übergehen. Außerdem isst man meist insgesamt weniger von den kalorienreichen Kohlenhydraten, wenn der Magen bereits mit Ballaststoffen gefüllt ist.

Die Vorspeise als Hilfsmittel

Falls Sie Ihre Mahlzeiten nicht wie in Tipp 3 (S. 18) beschrieben in der richtigen Reihenfolge essen können oder möchten oder eine Hauptmahlzeit fast keine Ballaststoffe enthält, dann fügen Sie einfach die richtige Vorspeise davor ein! Dieser Tipp lässt sich auch gleich hervorragend mit Tipp 5 kombinieren, dem Essig-Trick (S. 22)!

5. Der Essig-Trick

Essig ist vielfach einsetzbar. Das saure Elixier entfernt Flecken und kommt ins Salatdressing. Und nicht nur das: Essig wirkt Glukosespitzen entgegen. Das soll nicht etwa heißen, dass man löffelweise Essig zu sich nehmen sollte. Eine leckere Vinaigrette zu Salat oder Antipasti ist hier die richtige Empfehlung. Im Sommer kann man erfrischende Essigdrinks mit Zitrone, Ingwer und Obst zubereiten.

Laut Studien kann Essig dabei helfen, den Blutzucker zu senken und Blutzuckerspitzen besonders nach kohlenhydratreichen Mahlzeiten zu reduzieren.[3]

Er soll weiterhin auch den Nüchternblutzucker verringern, was vor allem für Diabetiker äußerst hilfreich sein kann. Der Essig verlangsamt die Absorption von Kohlenhydraten und reguliert den Insulinspiegel. Um rund 20 bis 30 Prozent soll der Anstieg des Insulin- und Blutzuckerspiegels durch die Einnahme von Essig vor, während oder kurz nach dem Essen reduziert werden.

Grundsätzlich kann man jede Sorte Essig verwenden, wie Apfelessig, Rot- und Weißweinessig oder Reisessig.

Anwendung des Essig-Tricks

- Vor oder spätestens 20 Minuten nach einer glukosehaltigen Mahlzeit (aus Stärke/Zucker) ein Glas Wasser mit einem Esslöffel Essig trinken.
  Wichtig: dabei einen Strohhalm benutzen, damit der Zahnschmelz durch die Säure nicht angegriffen wird.
  Für den Essigdrink wird am häufigsten zum Apfelessig gegriffen. Daraus kann man auch ganz leckere und erfrischende Drinks zubereiten (siehe ab S. 150).
- Die Salat-Vinaigrette oder die Gemüsespeise mit Essig zubereiten und als Vor- oder zur Hauptspeise genießen.
- In Essig eingelegtes oder fermentiertes Gemüse (siehe S. 88–91) vor der Mahlzeit essen.

Mit Essig gegen Glukosespitzen

Die Einnahme von Essig ist besonders wirksam bei sehr glukoseintensiven Speisen, also mit viel Stärke und Zucker. Genießen Sie Ihre Gemüse- oder Salatvorspeise (siehe Tipp 4, S. 20) mit einer Essig-Öl-Vinaigrette oder probieren Sie einen erfrischenden Essigdrink vor dem nächsten Pastagericht oder einem süßen Snack gleich mal aus!

6. Richtig trinken

Nicht nur das Essen, sondern auch das Trinken kann den Glukosespiegel beeinflussen. Nehmen wir beispielsweise Getränke mit Zucker und Kohlenhydraten zu uns wie reine Fruchtsmoothies oder Kaffee mit viel Milch und Zuckersirup, steigt der Glukosespiegel stark an.
Kalorienfreie Getränke haben hingegen in der Regel keine Auswirkung auf den Glukosespiegel.

Getränke, die den Glukosespiegel konstant halten:

- Wasser
- ungesüßte Getränke, wie Kaffee oder Tee (grüner Tee kann den Blutzuckerspiegel sogar senken)

Diese Getränke sollte man meiden:

- süße und kalorienreiche Getränke, zum Beispiel Limonade oder Fruchtsaft
- Fruchtsäfte und Smoothies, die ausschließlich aus Früchten gemixt werden
- süße alkoholische Getränke wie Liköre oder süße Weine

Studien haben ergeben, dass sich der Glukosespiegel in vielen Fällen auch stabil halten lässt, indem man 30 Minuten vor dem Essen bis zum Ende der Mahlzeit kein Wasser mehr trinkt. Wassertrinken während einer Mahlzeit mit Kohlenhydraten und Zucker kann den Glukosespiegel laut Studien um bis zu 33 Prozent erhöhen.[4]
Außerhalb dieser Zeiten sollte hingegen ausreichend Wasser getrunken werden. Nicht nur, um den Glukosespiegel konstant zu halten – Wasser ist auch bei der Ausscheidung von überschüssiger Glukose durch den Urin hilfreich. Weitere kurz- und auch langfristige Studien haben gezeigt, dass das regelmäßige Trinken von Wasser das Risiko, an Typ-2-Diabetes zu erkranken, reduzieren kann. Pro Tag sollte man mindestens 2–3 Liter Wasser zu sich nehmen.

Den Glukosespiegel halten

Trinken Sie mindestens 2 Liter über den Tag verteilt. Empfehlenswert sind Getränke, die den Glukosespiegel konstant halten, wie das Gurke-Zitronen-Wasser (S. 150). Etwa 30 Minuten direkt vor dem Essen und während einer Mahlzeit sollten Sie lieber auf Getränke verzichten. Halten Sie sich bestenfalls auch an diesen Zeitrahmen, wenn Sie Ihren Essig-Drink (siehe Tipp 5, S. 22) zu sich nehmen.

7. Lieber ein Dessert als das Naschen zwischendurch

Die klassische Speisenfolge ist nicht aus der Luft gegriffen. Eine Vorspeise wie Salat sorgt dafür, dass man nicht über das Hauptgericht herfällt. Auf den optionalen Käse-Gang folgt ganz zum Schluss des Menüs der Nachtisch. Dies hat gute Gründe, denn Süßes sollte man nicht auf nüchternen Magen essen – dadurch spielt der Blutzucker im Nachhinein verrückt. Es kommt zu einer Glukosespitze mit anschließendem Tief und Heißhunger – typischerweise auf Süßes beziehungsweise Kohlenhydrate. Deshalb sollte man zwischendurch bestenfalls auf süße Snacks verzichten und sie stattdessen als Nachtisch essen.

Auch wenn die Gedanken tagsüber um Schokolade und Cupcakes kreisen, sollte man sich das Naschen für später aufheben und bis nach dem Essen warten.

Hier sehen Sie ein Beispiel für Tipp 3 (Die richtige Reihenfolge, S. 18): Stärke und Zucker werden zum Schluss gegessen.

Ein Dessert nach dem Hauptgericht

Salat	Hauptmahlzeit	Dessert
Kleine bunte Gemüse-Salat-Auswahl mit Senfvinaigrette, S. 80	Nudel-Gemüse-Pfanne, S. 130	Kekse mit Schokostückchen (gekauft)

Ein weiterer Vorteil ist, dass wir schon ziemlich satt von Salat oder Gemüse und der Hauptspeise sind und das Dessert deshalb auch etwas kleiner ausfällt. So sparen wir auch noch ein paar Kalorien extra, weil wir vielleicht nur noch einen Keks statt zwei oder drei essen wollen.

Klar kann es vorkommen, dass man spontan zu Kaffee und Kuchen eingeladen wird oder im Büro einen Geburtstagskuchen serviert bekommt. Möchte man den süßen Snack dann nicht als Dessert verschieben, kann man das natürlich auch einfach mal genießen. Oder man sorgt für eine flachere Glukosekurve durch Anwendung zum Beispiel des Essig-Tricks (S. 22). Weitere Möglichkeiten: Änderung des Snackverhaltens (S. 27) oder Bewegung nach dem Essen (S. 35).

Süßes nicht auf nüchternen Magen essen

Naschen Sie möglichst nichts Süßes zwischendurch, sondern verschieben Sie Kekse, Kuchen und Schokoriegel einfach ans Ende einer Hauptmahlzeit als Dessert.

8. Ändern Sie Ihr Snackverhalten

Wenn man die vorangehenden Tipps beherzigt, sollte man eigentlich nach einer Hauptmahlzeit bis zur nächsten Mahlzeit ausreichend satt sein und gar keine Snacks dazwischen mehr benötigen.

Kommt der kleine Hunger zwischendurch doch einmal vorbei, ist es besser, zu einem herzhaften als einem süßen Snack zu greifen. Doch aufgepasst: Herzhaft ist natürlich nicht Chips oder Salzstangen gleichzustellen! Snacks sollten nämlich keine Stärke enthalten, da diese ja bekanntlich zu Glukose umgewandelt wird.

Glukosespitzen können auch durch stärkehaltige Lebensmittel entstehen. Doch lassen sich die beiden kaum miteinander vergleichen, da die durch Zucker ausgelöste Glukosespitze um einiges stärker ausfällt. Auch Fruktose ist keine gute Alternative. Dieser Zucker kommt in Obst vor und macht 50 Prozent des Haushaltszuckers aus. Zahlreiche Studien haben bewiesen, dass Fruktose zu den Haupttreibern für Übergewicht gehört. Sie kann ausschließlich in der Form von Fett eingelagert werden und setzt sich vor allem an ungünstigen Stellen wie Hüfte und Schenkeln ebenso wie zwischen den Organen ab. Außerdem sammelt sich Fruktose in der Leber und kann somit zu einer nicht-alkoholischen Fettleber führen. Zwar enthalten ganze Früchte auch Ballaststoffe, aber man sollte sie auf jeden Fall clever kombinieren (siehe S. 32) und nicht als süßen Snack essen.

Auch süße Diätprodukte wie fettarme Fruchtjoghurts sind keine gute Wahl. Sie genießen unverdient einen guten Ruf. Tatsächlich enthalten sie weniger Fett und somit auch weniger Kalorien, dafür aber umso mehr Stärke. Fruchtjoghurt enthält zudem auch Fruktose und Süßungsmittel.

Wie man sieht, gibt es gute Gründe, das Snackverhalten zu ändern. Wenn es schon ein Snack zwischendurch sein soll, dann wählen Sie lieber etwas Herzhaftes.

Snacks, die keine Glukosespitze hervorrufen:

- 1 EL Mandelmus, zum Beispiel selbst gemacht (S. 142)
- Selleriestangen mit Erdnussbutter bestrichen und mit gehackten Nüssen bestreut (S. 138)
- 1 hart gekochtes Ei
- Gurken- und Karottensticks mit Avocado-Hummus (S. 94)
- Avocadocreme mit Tomaten- und Gurkenwürfeln (S. 92)
- Saatencracker (S. 148)
- 1 kleiner Becher griechischer Joghurt, 1 TL Mandelmus, 1 TL gehackte Mandeln
- 5 Mandeln und 1 Stück dunkle Schokolade (90 Prozent Kakaoanteil)
- Einige Käsewürfel mit Gurkenscheiben
- Eingelegte Gurkenscheiben (S. 88)
- Stangensellerie mit Mandelmus

Weitere Rezepte, die Sie auch als herzhaften Snack zubereiten können (zum Beispiel als etwas kleinere Portion), sind beispielsweise im Kapitel Eierlei (ab S. 53) und unter den Vorschlägen für Suppen (ab S. 59) und Gemüsevorspeisen (ab S. 77) zu finden.

Greifen Sie lieber zu herzhaften Snacks

Stellen Sie sich nach den Tipps in diesem Buch nährstoffreiche und sättigende Mahlzeiten zusammen, dann werden Sie schon bald zwischendurch keine Snacks mehr benötigen. Süßes sollten Sie als Dessert essen (siehe Tipp 7, S. 25). Wenn sich der Hunger doch zwischendurch einstellt, wählen Sie einen herzhaften Snack aus der Liste oder den empfohlenen Rezepten, die keine Glukosespitze hervorrufen.

9. Guter und schlechter Zucker?

Beim Versuch, sich gesünder zu ernähren, greifen viele Menschen zu Trockenobst, süßen Obstsorten oder Honig. Und tappen dabei schnurstracks in die Zuckerfalle. Zucker ist nämlich gleich Zucker – egal, woher er stammt. Der einzige Unterschied zu purem Zucker liegt darin, dass frisches ebenso wie getrocknetes Obst Ballaststoffe enthält. Mehr dazu erfahren Sie in Tipp 10 auf S. 30. Gegen Zucker in Maßen ist eigentlich nichts einzuwenden. Man kann ihn jedoch einsparen, indem man Zutaten wie Zimt, Kakao oder Kokosraspeln benutzt, um Joghurt oder Quark zu verfeinern. Auch Nussbutter gibt einem das »Nachtisch-Feeling«, ohne dabei Zucker zu enthalten.

Zucker ist unter einer Vielzahl von Namen bekannt und verbirgt sich so gut wie überall auf den Zutatenlisten, zum Beispiel als Dextrin, Dextrose, Fruchtsüße, Glukose-Fruktose-Sirup, Dicksaft, Stärkesirup, Traubensüße und viele andere. Eine Übersicht von Zuckernamen gibt es auf der Bonusseite zum Buch unter **happyfitfood.de/glukoseformel**.

Im Endeffekt ist es einerlei, woher der Zucker stammt, denn seine Wirkung bleibt unverändert. Nun denken sich viele Menschen, dass man den schädlichen Zucker ganz einfach

durch kalorienarme Süßungsmittel ersetzen kann, um der Zuckerfalle zu entgehen. Doch auch hier muss man sehr vorsichtig sein. Weit verbreitete Süßungsmittel wie Aspartam, Maltit, Sucralose und Xylit können den Blutzuckerspiegel ebenfalls in die Höhe treiben. Deshalb empfiehlt es sich, Speisen und Getränke stattdessen mit Erythrit, Stevia oder Stevia-Extrakt zu süßen.

Wenn man unbedingt etwas Süßes essen möchte, ist Obst im Ganzen optimal. So enthält ein Apfel nicht nur Zucker, sondern auch Ballaststoffe (siehe S. 30).

Zuckeralternativen

Grundsätzlich ist alles erlaubt und manchmal möchte man einfach Zucker in Kuchen, Keksen oder einem Schokoriegel genießen, ohne an die Glukosekurve zu denken. Es gibt aber wieder viele Möglichkeiten, die Glukosespitze flach zu halten. Hier kommen zum Beispiel der Essig-Trick (S. 22), das Süßen mit Erythrit oder Stevia, der Dessert-Tipp (S. 25) und die richtige Kombination der Mahlzeiten (S. 32) infrage.

10. Gesundes Obst?

Wenn man Lust auf etwas Süßes verspürt, ist Obst im Ganzen auf jeden Fall die beste Wahl. Obst enthält nämlich nicht nur Zucker, sondern auch reichlich Ballaststoffe sowie andere wichtige Nährstoffe. Dennoch sollte man es vermeiden, Obst auf nüchternen Magen zu essen, da dies im Regelfall zu einer Glukosespitze führt. Am besten ist es, wenn man beim Essen die richtige Reihenfolge einhält und Obst erst nach einer kompletten Mahlzeit zu sich nimmt (siehe S. 18).

Menschen sind dazu veranlagt, Süßes zu mögen. Deshalb werden immer süßere Obstsorten herangezüchtet. Früher enthielten selbst Früchte wie Bananen weniger Zucker und viel mehr Ballaststoffe als heute. Menschen neigen dazu, die Ballaststoffe zu entfernen und den Zucker in möglichst konzentrierter Form zu sich zu nehmen. Doch Achtung: Je weiter die Frucht von ihrem natürlichen Zustand entfernt ist, desto schlechter ist sie für den Blutzuckerspiegel. Aus einem Apfel entstehen Apfelmus und Apfelsaft. Ist der Apfel noch reich an Ballaststoffen, gehen sie bei der Verarbeitung zu Apfelmus und Apfelsaft immer mehr verloren.

Dasselbe gilt für Smoothies. Hier werden beim Pürieren die Ballaststoffketten komplett zerkleinert. Ein Smoothie aus einer Banane, einem Apfel und einer Orange ist schnell getrunken und macht sich auch schnell im Blutzucker mit einer Spitze bemerkbar. Wenn man das Obst im Ganzen verzehrt, ist der Magen schon ganz anders gefüllt und die Glukosekurve etwas flacher. Optimal ist es, Obst im Ganzen zu genießen. Wenn man Lust auf einen Smoothie hat, sollte man nicht zu einem gekauften Produkt aus dem Supermarkt greifen. Hier wird sogar oft auch noch Zucker zugesetzt. Für einen glukosefreundlicheren Smoothie gibt man zum Beispiel Blattgrün, Nussbutter und/oder Proteinpulver oder Avocado zu den Früchten – wie etwa beim Heidelbeer-Avocado-Smoothie (S. 158).

Folgende Sorten haben einen eher niedrigen Zuckergehalt:
Beeren (wie Brombeeren, Himbeeren und Heidelbeeren), Apfel, Aprikose, Birne, Kiwi, Pflaume und Wassermelone sowie Zitrusfrüchte wie Orangen und Zitronen.

Einen hohen Zuckergehalt haben:
Ananas, Banane, Mango, Süßkirsche, Weintrauben.

Obst essen: zum richtigen Zeitpunkt

Genießen Sie Ihr Obst am besten im Ganzen und nach einer vollständigen Mahlzeit (Reihenfolge-Tipp S. 18, Dessert-Tipp S. 25). Sie können auch den Essig-Trick (S. 22) anwenden oder clever kombinieren (S. 32).

11. Die Kombination macht's

Reine Kohlenhydrate verursachen eine Glukosespitze, auf die kurze Zeit später Heißhunger folgt. Deshalb sollte man sie stets in Kombination mit Ballaststoffen, Fett und Protein essen, wobei die Kohlenhydrate an letzter Stelle kommen. So tut man gut daran, ein Croissant nicht allein zu essen, sondern zuerst einige Mandeln zu sich zu nehmen. Zum Keks isst man einen Löffel Quark oder Nussbutter. Besonders gut passen Kohlenhydrate zu fett- und proteinhaltigen Lebensmitteln wie gekochten Eiern, Mandeln, Avocado, Bohnen, Butter, Käse, Sahne, Fisch, Fleisch, Kernen, Nussbutter, Nüssen, aber auch zu Ballaststoffen.

Man kann den Vorspeisentipp (S. 20) anwenden, bei dem man einfach eine ballaststoffreiche Vorspeise vorschiebt, beispielsweise Salat oder Gemüse. Auch Brot und Reis – selbst dann, wenn es sich um Vollkornprodukte handelt – sollte man immer mit Gemüse, gehackten Kräutern, Nüssen, Mandeln und Pistazien oder Protein wie Fisch, Fleisch und Tofu mischen. Außerdem sollte man den Gedanken verwerfen, Fett treibe den Insulinspiegel in die Höhe. Das Gegenteil ist der Fall: Nimmt man vor einer kohlenhydratreichen Mahlzeit etwas Fetthaltiges zu sich, schüttet der Körper nach dem Essen weniger Insulin aus.

Selbstverständlich bedeutet dies nicht, dass man eine riesige Portion Fett und Protein zu sich nehmen kann, um anschließend sämtliche süßen Snacks hervorzuholen. Vielmehr geht es darum, einzelne Lebensmittel clever zu kombinieren, um der Glukosespitze zu entgehen.

Kombinieren Sie Speisen oder Lebensmittel aus Stärke und Zucker

Ganz gleich, ob Vollkornbrot oder Cookie, verzehren Sie dazu immer Ballaststoffe (Salat und Gemüse) und/oder Fette (wie Avocado, Nüsse, Öl oder Nussbutter) und/oder Protein (wie Käse, Fleisch oder Fisch). Besonders gekochte Eier, Nüsse und Mandeln sind griffbereite Kombi-Begleiter.

12. »Coole« Kohlenhydrate

Resistente Stärke entsteht dann, wenn man stärkehaltige Lebensmittel wie Kartoffeln, Reis und Nudeln nach dem Kochen abkühlen lässt. Nach etwa 12 Stunden verändert die Stärke ihre chemische Struktur und wird zu resistenter Stärke. Dabei handelt es sich um eine Art gesunden Ballaststoff, der für den Darm so gut wie unverdaulich ist.

Es gibt auch Lebensmittel, die von Natur aus resistente Stärke enthalten, zum Beispiel gegarte Hülsenfrüchte, unreife Bananen, Vollkornhaferflocken und Karotten.

Was bedeutet das für den Blutzuckerspiegel? Weniger verdauliche Kohlenhydrate, mehr Ballaststoffe! Das sorgt für eine flachere Glukosekurve.

Die resistente Stärke bleibt übrigens auch erhalten, wenn man das abgekühlte Lebensmittel wieder aufwärmt!

Kochen Sie Kartoffeln, Nudeln oder Reis am Vortag

Verarbeiten Sie die abgekühlten Lebensmittel am nächsten Tag. Mit leckeren Rezepten wie zum Beispiel Steak mit Gemüse-Bratkartoffeln (S. 120) zeige ich Ihnen, wie Sie diese Kohlenhydrate clever mit Ballaststoffen, Fett und Proteinen kombinieren. Ebenso können Sie hier wieder den Essig-Trick (S. 22) oder den Vorspeisentipp (S. 20) anwenden.

13. Kalorien sind nicht alles

Eine Kalorie wird als Wärmemenge definiert, die erforderlich ist, um 1 Gramm Wasser um 1 Grad Celsius zu erwärmen. Bereits im 18. Jahrhundert fanden Forscher heraus, dass Lebensmittel Kalorien enthalten. Man könnte sagen, dass Kalorien so etwas wie Sprit für den Körper sind. Wenn wir allzu viele Kalorien zu uns nehmen, ohne diese durch Bewegung zu verbrennen, nehmen wir zu. Allerdings sind weder der menschliche Körper noch Lebensmittel Computer. Deshalb wäre es falsch anzunehmen, dass alle Kalorien gleich sind. Ein Schokoriegel mit 200 Kalorien treibt den Blutzuckerspiegel in die Höhe und verursacht somit die gefürchtete Glukosespitze. Schon bald stellt sich der Hunger wieder ein. Isst man hingegen einen Salat, der 200 Kalorien enthält, bleibt die Glukosespitze aus. Der Körper arbeitet auf Hochtouren, um die vielen Ballaststoffe zu verdauen.

200 kcal:
Salat mit Essig-Öl-Vinaigrette

≠

200 kcal:
Schokoriegel

Somit ist klar, dass nicht alle Kalorien gleich sind. Wenn man Fertiggerichte und verarbeitete Lebensmittel kauft, sollte man stets auch einen Blick auf die Zutaten werfen (siehe auch S. 29). Die meisten Speisen aus dem Supermarkt enthalten viel Stärke und Süßungsmittel, die eine Glukosespitze auslösen. Und kalorienarm ist nicht automatisch auch gleich gut für unseren Blutzuckerspiegel.

Die Qualität berücksichtigen

Achten Sie nicht zu sehr darauf, wie viele Kalorien in einem Lebensmittel stecken, sondern auf die Qualität und darauf, welche Auswirkung es auf den Blutzuckerspiegel hat. Lesen Sie die Zutatenlisten genau und kochen Sie am besten selbst mit unseren leckeren Rezepten und natürlichen Lebensmitteln!

14. Bewegung nach dem Essen

Nach einer ausgiebigen Mahlzeit möchte man sich in der Regel zu einem Nickerchen hinlegen. So will es unser Körper – und bis zu einem gewissen Grad auch die Tradition. Doch hier scheinen wir etwas Wichtiges vergessen zu haben: Es gibt nämlich den Verdauungsspaziergang, bei dem es sich ebenfalls um eine Tradition handelt. In Italien flaniert man nach dem Abendessen gern über die Strandpromenade. Dieser Spaziergang dient dazu, die Verdauung anzuregen und die Glukoseverbrennung voranzutreiben.

Bewegung ist deshalb so wichtig, da mit jeder Anspannung der Muskeln Glukose verbraucht wird. Je öfter man sich bewegt, desto mehr Glukose verbrennt man. Wenn die Muskelzellen Glukose nutzen, stellen sie Adenosintriphosphat (ATP) her. ATP gilt als wichtiger Energielieferant und ist an vielen Prozessen im menschlichen Körper beteiligt. Nach einer Mahlzeit lässt sich mithilfe von Bewegung der Blutzuckerspiegel regulieren und die Blutzuckerkurve möglichst flach halten.

Es ist nicht zwingend notwendig, sich unmittelbar nach dem Essen zu bewegen. Wichtig ist, dass man dies innerhalb von 70 Minuten nach der Mahlzeit tut. Dabei kann es sich auch ganz einfach um Übungen wie Liegestütze, Planking, Gewichtheben, Widerstandsübungen mit Bändern oder Training mit dem Hula-Hoop-Reifen handeln.

Befindet man sich nach einer Mahlzeit gerade im Büro, gibt es auch hier entsprechende Möglichkeiten für Bewegung: Man kann Treppen hochsteigen, die Waden heben, Kniebeugen machen (zum Beispiel im Toilettenraum), die Muskeln beim Wandsitzen anspannen oder im nächstgelegenen Park spazieren gehen.

Ein Spaziergang sollte 10 bis 20 Minuten dauern, beim Krafttraining reichen bereits 10 Minuten aus, um nach einer Mahlzeit Glukose abzubauen.

Mehr Schwung in den Alltag bringen

Bewegen Sie sich nach den Mahlzeiten! Gehen Sie mit der Familie spazieren, machen Sie Kniebeugen, steigen Sie Treppen oder schwingen Sie eine Kugelhantel. Suchen Sie sich einfach die Bewegung oder die Übungen aus, die in Ihren Alltag passen und womit Sie sich wohlfühlen.

15. Stress abbauen

Viele Menschen essen, wenn sie gestresst sind. Und dann meist wahllos – am liebsten Süßes und Stärkehaltiges. Bei Stress wird das Hormon Cortisol ausgeschüttet, das zu den wichtigsten Gegenspielern von Insulin gehört und dessen Wirkung bremst. Außerdem wirkt Cortisol dem Sättigungshormon Leptin entgegen und stimuliert die Ausschüttung des Hungerhormons Ghrelin. Dies wiederum führt zu Heißhungerattacken und somit zu Achterbahnfahrten des Blutzuckers. Ähnlich verhält es sich mit dem Schlaf. Wer schlecht schläft, hat einen höheren Insulinspiegel. Studien zufolge nimmt das Sättigungsgefühl bereits nach vier Nächten mit nur fünf Stunden Schlaf ab, die betroffene Person wird von Heißhunger heimgesucht. Wie wir sehen, sind Schlaf und Stress für den Stoffwechsel überaus wichtig.

Viele Menschen leiden unter Schlafstörungen. Es gibt einiges, was man tun kann, um den Schlaf zu verbessern. Abends sollte man auf reichhaltige Speisen und Alkohol verzichten. Der Konsum koffeinhaltiger Getränke sollte am frühen Nachmittag eingestellt werden. Die richtige Zimmertemperatur kann sich ebenfalls positiv auf die Schlafqualität auswirken. Im Großen und Ganzen ist der Umgang mit Stress eine individuelle Angelegenheit – es gilt, für sich selbst die passende Methode zur Stressbewältigung zu finden. Bewegung, Spaziergänge an der frischen Luft, Meditieren und Atemübungen sind oft genannte Methoden, um Stress abzubauen.

Entstressen Sie Ihr Leben!

Nehmen Sie sich täglich eine kleine Auszeit zum Meditieren oder einfach, um tief durchzuatmen. Beherzigen Sie die oben genannten Tipps und schlafen Sie gut und ausreichend.

Umsetzung der Tipps und Tricks

Mit den 15 vorgestellten neuen Gewohnheiten haben Sie nun die richtigen Werkzeuge zur Hand und das nötige Wissen, um Glukosespitzen zu vermeiden und einen ausgeglichenen Blutzuckerspiegel zu erreichen. Das 4-Wochen-Quickstart-Programm auf S. 163 hilft Ihnen dabei, anzufangen und die Tipps nach und nach umzusetzen.

Verbessertes Wohlbefinden, ein paar lästige Pfunde weniger, dafür aber mehr Energie – Sie werden die positiven Effekte auf Ihre Gesundheit schon bald spüren!
Ich wünsche Ihnen nun viel Erfolg und viel Spaß mit den leckeren Rezepten nach der Glukoseformel.

Zum Umgang mit den Rezepten

Mit den Rezepten setzen Sie die Ernährungstipps und -tricks in die Praxis um.

Zu jedem Rezept werden Nährwerte angegeben:

- kcal steht für Kilokalorien
- KH steht für Kohlenhydrate
- F steht für Fett
- P steht für Protein

Glutenfrei: Bitte achten Sie bei den Produkten immer auf das Etikett, besonders bei Gemüsebrühe, Gewürzen etc. Auch wenn diese Zutaten meist frei von Gluten sind, können von den Herstellern bestimmte Zusätze verwendet werden, die nicht glutenfrei sind.

Viel Erfolg und guten Appetit!

FRÜHSTÜCKSIDEEN

Chiapudding mit Beerenjoghurt

2 Portionen
Pro Portion: 370 kcal/ 14,9 g KH/ 10,7 g P/ 27,4 g F
vegetarisch, glutenfrei

2 EL Chiasamen
400 g griechischer Joghurt, Natur
2 EL Kokosmilch oder 2 TL Kokosöl
150 g Beeren, z. B. Heidelbeeren, Brombeeren, Himbeeren usw.
1 Zweig Minze

1. Chiasamen, 200 g Joghurt und Kokosmilch gut durchrühren. In zwei Gläser verteilen.
2. Beeren waschen und abtrocknen.
3. Restlichen Joghurt mit 60–80 g Beeren pürieren oder Beeren mit der Gabel zerdrücken und mit dem Joghurt vermischen. Beerenjoghurt in die beiden Gläser auf den Chiapudding verteilen. Mindestens 2–3 Stunden, am besten über Nacht, quellen lassen.
4. Minze waschen und mit Küchenpapier abtrocknen. Blätter abzupfen. Chiapudding kurz vor dem Verzehr mit den restlichen Beeren und der Minze garnieren, den Rest dazu genießen.

TIPP: Anstatt 2 EL Kokosmilch kann man auch 2 EL Kokosraspel unterheben. Der Pudding lässt sich sehr gut für mehrere Tage vorbereiten, zum Beispiel in Einmachgläsern. Im Kühlschrank lagern und am Tag des Verzehrs aufrühren und genießen.
Auch lecker: noch einige gehackte Nüsse oder Mandeln darüberstreuen. Nach Bedarf mit Stevia (-Extrakt) oder 1 TL Erythrit süßen.

Joghurt-Beeren-Creme

2 Portionen
Pro Portion: 305 kcal/ 12 g KH/ 9,5 g P/ 23,1 g F
vegetarisch, glutenfrei

150 g Heidelbeeren
2 EL Mandeln
300 g griechischer Joghurt, Natur
1 TL Zimt
1 EL (weißes) Mandelmus
2 TL Hanfsamen

1. Heidelbeeren waschen und abtrocknen.
2. Mandeln hacken und auf 2 Dessertgläser verteilen.
3. Joghurt mit Zimt und Mandelmus verrühren. Die Hälfte des Joghurts auf die 2 Gläser verteilen.
4. Nun ca. 1 EL Heidelbeeren jeweils in die Gläser geben.
5. Restlichen Joghurt und restliche Heidelbeeren darauf verteilen.
6. Mit Hanfsamen bestreuen. Für mindestens 30 Min. in den Kühlschrank stellen.

TIPP: Man kann auch Nüsse anstatt Mandeln verwenden oder Himbeeren, Brombeeren und Kiwi statt der Heidelbeeren.

Granola

Ca. 10 Portionen à 35 g
Pro Portion: 199 kcal/ 1,4 g KH/ 6,7 g P/ 17,5 g F
vegetarisch, glutenfrei

- 50 g Kürbiskerne
- 120 g gehackte Mandeln
- 80 g gehackte Haselnüsse
- 50 g Kokoschips oder Kokosraspel
- 10 g Chiasamen
- 2 Eiweiß
- 1 Prise Salz

1. Backofen auf 140 °C Ober-/Unterhitze vorheizen und ein Backblech mit Backpapier auslegen.
2. Alle Zutaten bis auf Eiweiß und Salz in einer Schüssel vermischen.
3. Eiweiß mit Salz steif schlagen.
4. Danach das geschlagene Eiweiß vorsichtig unter die Nuss-Kerne-Saaten-Mischung heben.
5. Auf einem Backblech gleichmäßig verteilen.
6. Für 15–20 Min. backen. Nach etwa 10 Min. wenden und goldbraun backen. Ab 15 Min. auf Sicht backen, damit die Mischung nicht zu dunkel wird. Den Herd ausschalten und im Ofen belassen.
7. Dann vollständig abkühlen lassen. Erst dann wird das Granola knusprig.

TIPP: Man kann auch andere Nüsse, Kerne und Samen verwenden, zum Beispiel Sonnenblumenkerne, gepufften Amaranth oder Quinoa, Sesamsamen oder Cashewkerne.
Auch lecker: 1–2 EL Mandelmus oder Kokosöl vor dem Backen in die Masse einrühren.
Schmeckt gut in Kombination mit griechischem Joghurt oder Quark und Beeren.

Heidelbeer-Quark-Bowl

2 Portionen
Pro Portion: 358 kcal/ 17,8 g KH/ 24 g P/ 23,9 g F
vegetarisch

150 g Heidelbeeren
400 g Magerquark
2 EL Haferflocken

1. Heidelbeeren waschen und abtrocknen.
2. Magerquark mit 100 g Heidelbeeren pürieren und auf 2 Schälchen verteilen.
3. Jeweils 1 EL Haferflocken daraufstreuen und mit den restlichen Heidelbeeren belegen.

TIPP: Mit gehackten Mandeln oder Nüssen bestreuen und mit frischer Minze dekorieren.

Himbeer-Kiwi-Chiapudding

2 Portionen
Pro Portion: 291 kcal/ 13,4 g KH/ 9,3 g P/ 19,1 g F
vegetarisch, glutenfrei

- 120 g Himbeeren
- 2 EL Chiasamen
- 300 griechischer Joghurt, Natur
- 1 Kiwi

1. Himbeeren waschen und abtrocknen. Einige Beeren für das Topping zurücklegen, den Rest pürieren.
2. Himbeerpüree mit Chiasamen und Joghurt mischen und auf 2 Gläser verteilen.
3. Kiwi schälen und in kleine Stücke schälen. Chiapudding mit den restlichen Himbeeren und Kiwistückchen toppen.
4. Mindestens 2–3 Stunden, am besten über Nacht, quellen lassen.

TIPP: Den Pudding kann man sehr gut für mehrere Tage vorbereiten, zum Beispiel in Einmachgläsern. Im Kühlschrank lagern und am Tag des Verzehrs aufrühren und genießen. Auch lecker: gehackte Nüsse oder Mandeln darüberstreuen. Bei Bedarf mit Stevia (-Extrakt) oder 1 TL Erythrit süßen.

Schokoporridge mit Blumenkohl

2 Portionen
Pro Portion: 235 kcal/ 7,6 g KH/ 10,5 g P/ 14,9 g F
vegan, glutenfrei

250 g Blumenkohl
500 ml Milchalternative, z. B. Mandel- oder Kokosmilch
30 g Mandelmus
3 EL Backkakaopulver
100 g Himbeeren
2 EL gehackte Mandeln

1. Blumenkohl in große Röschen teilen, waschen und klein hacken (Reiskerngröße).
2. Milchalternative in einem Topf erhitzen und Blumenkohl ca. 10 Min. köcheln lassen.
3. Mandelmus und Kakaopulver dazugeben und vermischen. Auf niedriger Hitze bis zur gewünschten Konsistenz weiterköcheln lassen (1–5 Min.).
4. Währenddessen Himbeeren waschen und abtrocknen.
5. In Schälchen füllen und mit Himbeeren und Mandeln toppen.

TIPP: Anstatt gehackter Mandeln kann man auch Mandelsplitter, gehackte Nüsse oder Kokosflocken verwenden. Bei Bedarf mit Stevia(-Extrakt) oder Erythrit süßen.

Bagel mit Lachs und Salat

2 Portionen
Pro Portion: 426 kcal/ 51,5 g KH/ 19,7 g P/ 15,1 g F

½ Bund Dill
2 Handvoll Salat, z. B. Kopfsalat oder Lollo bionda
1 Stück Salatgurke
60 g Frischkäse
1 TL Limetten- oder Zitronensaft
Salz, Pfeffer
½ rote Zwiebel
2 Bagels
80 g geräucherter Lachs in Scheiben

1. Dill und Salat waschen und mit Küchenpapier trocken tupfen. Dill fein hacken und Salat nach Belieben kleiner zupfen.
2. Gurke waschen und in feine Scheiben schneiden.
3. Frischkäse mit Limettensaft, Salz, Pfeffer und der Hälfte des Dills verrühren.
4. Zwiebel schälen und in feine Scheiben schneiden.
5. Bagels aufschneiden und jeweils mit der Hälfte der Frischkäsecreme bestreichen und mit Salat belegen. Lachs, Gurken- und Zwiebelscheiben darauf verteilen und mit dem restlichen Dill bestreuen.
6. Reste von Salat und Gurke dazu knabbern.

TIPP: Man kann auch etwas mehr Salat und Gurken aufschneiden und einen schnellen, einfachen Salat daraus zubereiten. Dazu Salat und Gurke in eine Schüssel geben und mit 1 EL Apfelessig, 1 EL Olivenöl und etwas Salz und Pfeffer vermischen.

Avocado-Bacon-Schiffchen und Ei

2 Portionen
Pro Portion: 396 kcal/ 4,1 g KH/ 11,3 g P/ 28,5 g F
glutenfrei

2 Eier
1 große Avocado
(ca. 180 g Fruchtfleisch)
6–8 Scheiben Frühstücksspeck
1 EL Öl, z. B. Olivenöl

1. Eier weich kochen (3–6 Min.).
2. Avocado halbieren und entkernen.
3. Fruchtfleisch vorsichtig mit einem Löffel herauslösen und in Spalten schneiden (je nach Größe in 6 oder 8 Stück).
4. Avocadostücke jeweils mit 1 Scheibe Speck umwickeln.
5. Öl in einer Pfanne erhitzen. Avocadospalten darin kurz anbraten, dabei vorsichtig wenden.

TIPP: Die Avocado-Bacon-Schiffchen kann man auch im Backofen zubereiten. Dazu mit Speck umwickeln, auf ein mit Backpapier belegtes Backblech geben und bei 180 °C Umluft im Ofen für ca. 15–20 Min. backen. Nach Belieben mit etwas Zitronensaft beträufeln. Dazu schmeckt Rohkost (zum Beispiel Kirschtomaten oder Gurkenscheiben), Salat oder gekochtes Gemüse.

EIERLEI

Eiermuffins mit Feta, Spinat und Tomaten

12 Stück
Pro Stück: 109 kcal/ 1,5 g KH/ 8,1 g P/ 18,6 g F
vegetarisch, glutenfrei

12 Eier
5 EL Frischkäse
Salz, Pfeffer
70 g Blattspinat
150 g Kirschtomaten
1 Lauchzwiebel oder 1 Schalotte
75 g Feta oder anderen Schafskäse
Öl zum Fetten des Muffinblechs

1. Backofen auf 200 °C Ober-/Unterhitze vorheizen.
2. Eier und Frischkäse in eine Schüssel geben. Mit Salz und Pfeffer würzen und verquirlen.
3. Blattspinat verlesen, waschen und trocken schleudern, dann nach Bedarf noch etwas zerkleinern.
4. Tomaten waschen und in Stücke schneiden.
5. Lauchzwiebel putzen und in feine Röllchen schneiden.
6. Feta klein würfeln.
7. Muffinblech fetten. In jede Mulde des Muffinblechs etwas von der Eiermasse gießen (ca. 1 cm hoch).
8. Blattspinat, Tomaten, Lauchzwiebel und Feta vermischen und auf die 12 Mulden aufteilen. Dann die restliche Eiermasse ebenso gleichmäßig auf die 12 Mulden aufteilen.
9. Im Ofen 15–20 Min. backen.

TIPP: Man kann auch andere Gemüsesorten verwenden, zum Beispiel Paprikaschoten, Champignons, Zucchini oder Brokkoli.
Auch lecker: 1–2 EL gehackte, frische Kräuter (wie Petersilie) einrühren.
Anstatt Feta schmecken auch andere Käsesorten, wie Cheddar, oder Schinken- und gegarte Hähnchenwürfel.
Die Eiermuffins lassen sich sehr gut auf Vorrat zubereiten, halten im Kühlschrank 3–4 Tage und können auch gut eingefroren werden.
Sie eignen sich als Snack oder proteinreiche Beilage zu Salat und Gemüse.

Gemüsefrittata aus dem Ofen

4 Portionen
Pro Portion: 225 kcal/ 5,9 g KH/ 12,8 g P/ 16,1 g F
vegetarisch, glutenfrei

1 Karotte
250 g Brokkoli
½ rote Zwiebel
2 Stängel Basilikum
6 Eier
50 ml Sahne oder Milch
Salz, Pfeffer
1 EL Öl, z. B. Olivenöl
1–2 EL Gemüsebrühe oder Wasser
Form oder ofenfeste Pfanne, ca. Ø 22 cm

1. Backofen auf 200 °C Ober-/Unterhitze vorheizen.
2. Karotte waschen, schälen, der Länge nach halbieren und dann in Scheiben schneiden.
3. Brokkoli putzen, waschen und in Röschen teilen.
4. Zwiebel schälen und Scheiben abschneiden.
5. Basilikum waschen, trocken schütteln, Blätter abzupfen und die Hälfte der Blätter hacken. Den Rest zur Dekoration beiseitelegen.
6. Eier mit Sahne und gehacktem Basilikum verquirlen, salzen und pfeffern.
7. Öl in einer (ofenfesten) Pfanne erhitzen, Zwiebel darin 1 Min. andünsten.
8. Brokkoli, Zwiebel und Karottenstücke hinzufügen. 1 Min. mitdünsten, dann Gemüsebrühe hinzugeben und für ca. 5 Min. (am besten mit Deckel) dünsten. Die Gemüsebrühe sollte verdampft sein, sonst ausgießen.
9. Die Eiermasse direkt in die Pfanne geben und über dem Gemüse verteilen. Alternativ eine runde Auflaufform fetten und erst das Gemüse hineingeben, dann mit der Eiermasse aufgießen.
10. In den Ofen geben und 15–20 Min. backen. Mit den Basilikumblättern garnieren.

TIPP: Die Frittata kann beliebig mit anderen Gemüsesorten variiert werden, zum Beispiel mit Paprika, Tomaten oder Zucchini.
Auch lecker: mit 3–4 EL geriebenem Käse überbacken.

Omelette mit Gemüsefüllung

2 Portionen
Pro Portion: 312 kcal/ 7,4 g KH/ 22,8 g P/ 20,6 g F
vegetarisch, glutenfrei

250 g Zucchini
4 Kirschtomaten
4 frische Pilze, z. B. Champignons
1 kleine rote Zwiebel
1 Stängel frisches Basilikum
2 TL Öl, z. B. Olivenöl
Salz, Pfeffer
6 Eier
5 EL Sahne oder Milch

1. Zucchini und Tomaten waschen, abtrocknen und in Scheiben schneiden.
2. Pilze putzen, ebenfalls in Scheiben schneiden.
3. Zwiebel schälen und in kleine Streifen oder Würfel schneiden.
4. Basilikum waschen, trocken schütteln und Blätter abzupfen.
5. 1 TL Öl in einer Pfanne erhitzen und Gemüse darin von beiden Seiten anbraten, dann aus der Pfanne nehmen. Mit Salz und Pfeffer würzen und beiseitestellen.
6. Eier und Sahne verquirlen und ebenfalls würzen.
7. 1 TL Öl in die Pfanne geben und 2 Omeletten herausbraten.
8. Gemüse jeweils auf eine Omelettehälfte geben, die andere Hälfte darüberklappen. Mit Basilikumblättern bestreuen.

TIPP: Man kann auch anderes Gemüse verwenden, wie Paprikaschoten, Brokkoli, und Lauchzwiebeln.
Auch lecker: Würfel von Schinken, Hähnchenbrustaufschnitt oder Käse (zum Beispiel Feta) in das Gemüse mischen.

SUPPEN UND SALATE

Klare Gemüsesuppe mit Suppengrünstreifen

2 Portionen
Pro Portion: 156 kcal/ 11,6 g KH/ 4,2 g P/ 7,9 g F
vegan, glutenfrei

1 Karotte
100 g Knollensellerie
1 Stange Lauch
½ Bund Petersilie
1 EL Öl, z. B. Olivenöl
1 l Brühe, z. B. Gemüsebrühe
Salz, Pfeffer

1. Karotte und Knollensellerie waschen und abtrocknen. Dann schälen und in feine Streifen schneiden.
2. Lauch putzen und in feine Ringe schneiden.
3. Petersilie waschen, trocken schütteln und fein hacken.
4. Öl in einem Topf erhitzen und Lauch kurz darin anbraten.
5. Mit Brühe auffüllen. Karotte, Sellerie und 1 EL gehackte Petersilie hinzufügen. Mit Salz und Pfeffer würzen.
6. 10–15 Min. bei mittlerer Hitze köcheln lassen, bis das Gemüse je nach gewünschter Bissfestigkeit durchgegart ist.
7. Suppe mit der restlichen Petersilie bestreuen.

TIPP: Man kann auch anderes Gemüse wie Paprika, Weiß- oder Rotkohl und Kohlrabi verwenden. Je nach Größe der Gemüsestücke muss man die Garzeit verlängern.

Kunterbunte Gemüsesuppe

2 Portionen
Pro Portion: 182 kcal/ 15,4 g KH/ 6,8 g P/ 8,2 g F
vegan, glutenfrei

1 rote Paprikaschote
150 g Brokkoli
1 kleine Karotte
100 g Zucchini
1 Knoblauchzehe
1 Schalotte oder ½ Zwiebel
½ Bund Petersilie
1 EL Öl, z. B. Olivenöl
1 l Brühe, z. B. Gemüsebrühe
Salz, Pfeffer

1. Gemüse waschen, abtrocknen und putzen.
2. Brokkoli in Röschen zerteilen. Paprikaschote entkernen und mit Karotte und Zucchini in kleine Stücke schneiden.
3. Knoblauch und Schalotte schälen und fein hacken.
4. Petersilie waschen, trocken schütteln und fein hacken.
5. Öl in einem Topf erhitzen und Knoblauch und Schalotte kurz darin anbraten.
6. Mit Brühe auffüllen. Gemüsestücke und 1 EL gehackte Petersilie hinzufügen. Mit Salz und Pfeffer würzen.
7. 7–12 Min. bei mittlerer Hitze köcheln lassen, bis das Gemüse je nach gewünschter Bissfestigkeit durchgegart ist.
8. Die Suppe mit der restlichen Petersilie bestreuen.

TIPP: Man kann auch anderes Gemüse wie Rosenkohl, Pastinake und Lauch verwenden. Je nach Größe der Gemüsestücke muss man die Garzeit verlängern.

Schnelle Zucchininudelsuppe

2 Gläser à ca. 500 ml / 2 Portionen
Pro Portion: 47 kcal/ 8,1 g KH/ 4,4 g P/ 2,6 g F
vegan, glutenfrei

1 kleine Zucchini
1 Karotte
3 Stängel Petersilie
Gemüsebrühe zum Auffüllen

1. Gemüse waschen und abtrocknen. Harte Enden abschneiden und dann mit einem Spiralschneider in Nudelform schneiden.
2. Petersilie waschen, trocken schütteln und fein hacken.
3. Auf zwei Gläser verteilen.
4. Vor dem Verzehr die Gemüsebrühe kochen und über die Gemüsenudeln gießen. Dann mindestens 5 Min. ziehen lassen.

TIPP: Man kann auch beispielsweise Lauchzwiebeln, Lauch oder Pastinaken in ganz feine Streifen schneiden und statt der Karotte oder zusätzlich verwenden. Falls man keine Gemüsebrühe zur Hand hat oder nur einen Wasserkocher (zum Beispiel am Arbeitsplatz), einfach mit Kräutersalz und Pfeffer gut würzen und dann mit heißem Wasser aufgießen.

Bunter Blattspinat-Salat

2 Portionen
Pro Portion: 128 kcal/ 5,9 g KH/ 4 g P/ 9,1 g F
vegan, glutenfrei

150 g Blattspinat
8 Kirschtomaten
150 g Salatgurke
½ rote Zwiebel
2 EL Apfelessig oder
weißer Balsamico-Essig
1 EL Mineralwasser
1 EL Öl, z. B. Olivenöl
1 TL Tahini
1 TL Dijonsenf oder mittelscharfer Senf
Salz, Pfeffer

1. Blattspinat waschen, verlesen und trocken schleudern.
2. Kirschtomaten und Gurke waschen, abtrocknen und in Scheiben schneiden.
3. Zwiebel schälen und in feine Scheiben schneiden oder fein würfeln.
4. Für das Dressing die restlichen Zutaten verquirlen.
5. Salat auf 2 Tellern anrichten und Dressing darübergießen oder alle Zutaten in einer Schüssel vermischen. Mit Salz und Pfeffer abschmecken.

TIPP: Mit Sesamsamen bestreuen.
Auch lecker: 60 g Feta über den Salat bröseln.
Am besten ohne Süßungsmittel genießen, ansonsten kann man auch 1 Prise Erythrit oder Stevia (-Extrakt) verwenden.

Salat aus Blumenkohlreis und Paprika

2 Portionen
Pro Portion: 188 kcal/ 15,2 g KH/ 6,8 g P/ 8,3 g F
vegan, glutenfrei

450 g Blumenkohl
1 Lauchzwiebel
1 rote Paprikaschote
1 gelbe Paprikaschote
3 Stängel Petersilie
1 EL Zitronensaft
1 EL Essig, z. B. Apfelessig oder weißer Balsamico
1 EL Öl, z. B. Olivenöl
Salz, Pfeffer

1. Blumenkohl und Lauchzwiebel putzen, waschen und in grobe Stücke teilen.
2. Paprikaschoten waschen, abtrocknen, entkernen und grob zuschneiden.
3. Gemüse mit einer Küchenmaschine zu Reiskerngröße zerkleinern oder klein schneiden oder hacken.
4. Petersilie waschen, trocken schütteln und hacken.
5. Gemüse mit den restlichen Zutaten in einer Schüssel vermischen und mit Salz und Pfeffer abschmecken. Mindestens 10 Min. durchziehen lassen.

TIPP: Anstatt Paprikaschoten kann man auch Tomaten, Gurken oder Zucchini verwenden.
Am besten ohne Süßungsmittel genießen, ansonsten kann man auch 1 Prise Erythrit oder Stevia (-Extrakt) verwenden.

Grüner Salat mit Radieschen

2 Portionen
Pro Portion: 115 kcal/ 4,3 g KH/ 2,8 g P/ 8,4 g F
vegan, glutenfrei

½ Kopf Lollo bionda oder Salat nach Belieben
1 Bund Radieschen
150 g Salatgurke
2 Lauchzwiebeln
½ Bund Dill
2 EL Essig, z. B. Apfelessig oder weißer Balsamico
1 EL Öl, z. B. Olivenöl
1 EL Wasser
Salz, Pfeffer
1 TL geschrotete Leinsamen

1. Salat verlesen, kleiner zupfen, waschen und trocken schleudern.
2. Radieschen putzen, waschen, abtrocknen, halbieren und in Scheiben schneiden.
3. Gurke waschen, abtrocknen, der Länge nach halbieren, dann ebenfalls in Scheiben schneiden.
4. Lauchzwiebeln putzen und in feine Ringe schneiden.
5. Dill waschen, trocken schütteln und fein hacken.
6. Essig, Öl, Wasser, Salz und Pfeffer zu einem Dressing verrühren. Dann mit Salat, Gemüse, Dill und Lauchzwiebeln vermischen und mit den Leinsamen bestreuen.

TIPP: Anstatt Radieschen schmecken auch Kirschtomaten oder Paprika.
Am besten ohne Süßungsmittel genießen, ansonsten kann man auch 1 Prise Erythrit oder Stevia (-Extrakt) verwenden.

Bohnen-Kichererbsen-Salat

4 Portionen
Pro Portion: 294 kcal/ 30,6 g KH/ 14 g P/ 9,5 g F
vegan, glutenfrei

250 g weiße Bohnen (Abtropfgewicht)
255 g Kidneybohnen (Abtropfgewicht)
220 g Kichererbsen (Abtropfgewicht)
2 Chilischoten
1 kleine rote Zwiebel
2 Knoblauchzehen
½ Bund Petersilie
4 EL Essig, z. B. Apfelessig oder weißer Balsamico
3 EL Öl, z. B. Olivenöl
Salz, Pfeffer

1. Bohnen und Kichererbsen in ein Sieb geben, mit Wasser durchspülen und gut abtropfen lassen.
2. Chilischoten waschen und in feine Röllchen schneiden.
3. Zwiebel schälen und in kleine Stücke schneiden oder fein würfeln.
4. Knoblauch schälen und fein hacken.
5. Petersilie waschen, trocken schütteln und hacken.
6. Alle Zutaten in einer Schüssel vermischen.
7. Essig, Öl, Salz und Pfeffer verrühren und ebenfalls in die Schüssel geben. Dann alles gut vermischen und mindestens 30 Min. ziehen lassen.

TIPP: Am besten ohne Süßungsmittel genießen, ansonsten kann man auch 1 Prise Erythrit oder Stevia (-Extrakt) verwenden.

Linsensalat

2 Portionen
Pro Portion: 264 kcal/ 26 g KH/ 10,9 g P/ 10,2 g F
vegan, glutenfrei

80 g rohe Linsen, z. B. Tellerlinsen
1 kleine Karotte
1 Schalotte oder ½ Zwiebel
1 Knoblauchzehe
½ rote Paprikaschote
½ grüne Paprikaschote
2 EL Öl, z. B. Olivenöl
1 EL Zitronensaft
2 EL Essig, z. B. Apfelessig oder weißer Balsamico
Salz, Pfeffer
1 Prise gemahlener Kreuzkümmel

1. Linsen nach Packungsanleitung in einem Topf mit Salzwasser garen, dann abseihen.
2. Karotte waschen, bei Bedarf schälen und in kleine Stücke schneiden.
3. Zwiebel und Knoblauch schälen und hacken.
4. Paprikaschoten waschen, abtrocknen, entkernen und klein würfeln.
5. Gemüse mit Linsen, Öl, Zitronensaft und Essig in eine Schüssel geben und vermischen. Mit Salz, Pfeffer und Kreuzkümmel abschmecken. Mindestens 30 Min. ziehen lassen.

TIPP: Wenn's schnell gehen muss, kann man gekochte Linsen (ca. 160 g) aus der Dose verwenden. Auch andere Gemüsesorten sind geeignet, zum Beispiel Tomaten, Zucchini oder Gurken.

Tomate-Mozzarella-Rucola-Salat

2 Portionen
Pro Portion: 286 kcal/ 4,8 g KH/ 17,5 g P/ 21,6 g F
vegetarisch, glutenfrei

150 g Mini-Mozzarella (Abtropfgewicht)
200 g Kirschtomaten
50 g Rucola
2 EL Essig, z. B. Apfelessig oder weißer Balsamico
1 EL Wasser
1 TL Mandelmus
1 EL Öl, z. B. Olivenöl
Salz, Pfeffer
2 TL Pinienkerne

1. Mozzarellakugeln gut abtropfen lassen.
2. Kirschtomaten waschen und abtrocknen, dann halbieren oder vierteln.
3. Rucola verlesen, waschen und trocken schleudern.
4. Essig, Wasser, Mandelmus, Öl, Salz und Pfeffer zu einem Dressing vermischen.
5. Salat, Tomaten und Mozzarellakugeln auf 2 kleine Schüsseln verteilen.
6. Dressing darüberträufeln und Pinienkerne aufstreuen.

TIPP: Die Pinienkerne kann man vorher kurz in der Pfanne ohne Öl anrösten.
Statt Mandelmus eignet sich auch Sesammus.
Auch lecker: noch ein paar Gurkenscheiben hinzufügen.

GEMÜSE-VORSPEISEN MIT DIPS, DRESSINGS UND SOSSEN

Gemüsebowl mit Joghurtsoße

Für die Joghurtsoße

2 Portionen
Pro Portion: 118 kcal/ 9 g KH/ 3,3 g P/ 7 g F
vegetarisch, glutenfrei

1 Knoblauchzehe
1 Zwiebel
½ Bund Schnittlauch
4 EL saure Sahne
100 g griechischer Joghurt, Natur
Salz, Pfeffer
2 EL Essig, z. B. Apfelessig oder weißer Balsamico

1. Knoblauch und Zwiebel schälen und fein hacken.
2. Schnittlauch waschen, abtrocknen und in feine Röllchen schneiden.
3. Saure Sahne, Joghurt, Gewürze und Essig in einer Schüssel vermischen. Restliche Zutaten hinzufügen und alles gut verrühren.

Für die Bowl

2 Portionen
Pro Portion: 170 kcal/ 7,1 g KH/ 3,1 g P/ 7,9 g F
vegan, glutenfrei

½ Salatgurke
8 Radieschen
8 Kirschtomaten
120 g Avocado
2 Handvoll gemischter Salat, z. B. Lollo bionda, Radicchio

1. Gemüse putzen, waschen und abtrocknen. Gurke und Radieschen in feine Scheiben und Stücke schneiden. Tomaten vierteln.
2. Avocado halbieren, Kern entfernen und das Fruchtfleisch in kleine Stücke schneiden.
3. Salat verlesen, waschen, trocken schleudern und bei Bedarf kleiner zupfen.
4. Erst den Salat, dann Gemüse- und Avocadostücke auf 2 kleine Schüsseln verteilen. Soße darübergeben.

TIPP: Das Gemüse ist beliebig variierbar, zum Beispiel mit Paprikaschoten, Kohlrabi, Zucchini, gekochtem Brokkoli oder Blumenkohl. Dressing, Soße oder Dip nach Wahl verwenden oder einfach mit Essig und Öl zubereiten.

Kleine bunte Gemüse-Salat-Auswahl mit Senfvinaigrette

Senfvinaigrette

4 Portionen
Pro Portion: 112 kcal/ 1 g KH/ 0,4 g P/ 11,2 g F
vegan, glutenfrei

2 Knoblauchzehen
3 TL mittelscharfer Senf
80 ml Wasser
5 EL Essig, z. B. Apfelessig oder weißer Balsamico
4 EL Öl, z. B. Olivenöl
2 TL Erythrit (optional)
Salz, Pfeffer

1. Knoblauch schälen und fein hacken oder pressen.
2. Alle Zutaten verrühren und mit Salz und Pfeffer abschmecken.

Für die Gemüse-Salat-Auswahl

2 Portionen
Pro Portion: 56 kcal/ 6,7 g KH/ 3,8 g P/ 0,7 g F
vegan, glutenfrei

120 g Blattspinat
100 g Rotkohl
1 kleine Salatgurke
6 Kirschtomaten

1. Blattspinat verlesen und waschen, abtropfen lassen oder trocken schleudern.
2. Rotkohl putzen und in grobe oder feine Streifen schneiden.
3. Gurke und Tomaten waschen und abtrocknen. Gurke der Länge nach halbieren, dann in Scheiben schneiden. Tomaten vierteln.
4. Gemüse in eine Schüssel geben und mit dem Dressing übergießen oder vermischen.

TIPP: Dressing, Soße oder Dip nach Wahl verwenden oder einfach mit Essig und Öl zubereiten. Nach Belieben noch 1 EL frische Kräuter wie Petersilie oder Basilikum einrühren.

Salat-Wraps

4 Portionen
Pro Portion: 213 kcal/ 5,8 g KH/ 13,3 g P/ 11,7 g F
glutenfrei

1 Kopf Eisbergsalat
3 Stängel Basilikum
100 g Frischkäse
Salz, Pfeffer
2 Tomaten
1 Avocado (ca. 150 g Fruchtfleisch)
200 g gekochter Schinken

1. Eisbergsalat putzen, Salatblätter und Basilikum waschen und mit Küchenpapier trocken tupfen.
2. Basilikum hacken, mit Frischkäse, Salz und Pfeffer vermischen.
3. Tomaten waschen, Grün entfernen und in Scheiben schneiden.
4. Avocado halbieren, Kern entfernen, das Fruchtfleisch mit einem Löffel aus der Schale heben und in kleine Stücke schneiden.
5. Salatblätter mit Frischkäse bestreichen, mit Schinken, Tomaten und Avocado belegen und aufrollen.

TIPP: Die Salatblätter kann man nach Belieben auch anders belegen, zum Beispiel mit Hähnchen- oder Putenbrustaufschnitt und Käse, oder mit Avocado-Hummus (S. 94) bestreichen. Gemüsevariationen: Paprikaschote, Zucchini oder andere.

Gebratene Gemüsespaghetti

2 Portionen
Pro Portion: 165 kcal/ 12,5 g KH/ 4,2 g P/ 10 g F
vegan, glutenfrei

2 Karotten
1 Zucchini
100 g Kirschtomaten
½ Bund Petersilie
1 Knoblauchzehe
2 EL Öl, z. B. Olivenöl
1 EL Gemüsebrühe (nach Bedarf)
Salz, Pfeffer

1. Karotten und Zucchini waschen, schälen und mit dem Spiralschneider in Nudelform schneiden.
2. Tomaten waschen, abtrocknen und halbieren.
3. Petersilie waschen, trocken schütteln und fein hacken.
4. Knoblauch schälen und fein hacken.
5. Öl in einer Pfanne erhitzen, Knoblauch und Tomaten kurz andünsten und dann die Gemüsenudeln und 1 EL gehackte Petersilie hinzufügen. Je nach gewünschter Bissfestigkeit 3–5 Min. anbraten (bei Bedarf etwas Gemüsebrühe zum Andünsten hinzufügen).
6. Mit Salz und Pfeffer würzen.
7. Mit der restlichen Petersilie bestreuen.

TIPP: Man kann auch noch Protein ergänzen, zum Beispiel durch Mozzarella- oder Fetawürfel, Schinkenstücke oder Hähnchenbrustwürfel. Auch lecker: 1 EL Apfelessig untermischen und mit geriebenem Parmesan bestreuen.

Gurken-Frischkäse-Taler

4 Portionen
Pro Portion: 158 kcal/ 5,6 g KH/ 5,4 g P/ 12,1 g F
vegetarisch, glutenfrei

200 g Frischkäse
50 g Quark oder Joghurt
1 EL Tomatenmark
2 getrocknete Tomaten (optional)
Salz, Pfeffer
½ TL edelsüßes Paprikapulver
2 Stängel Basilikum
1 große Salatgurke

1. Frischkäse, Quark, Tomatenmark, getrocknete Tomaten und Gewürze pürieren.
2. Basilikum waschen, trocken schütteln und Blätter abzupfen, dann fein hacken und unter die Frischkäsemasse rühren.
3. Gurke waschen und in etwa 1,5 cm dicke Scheiben schneiden.
4. Gurken mit Frischkäsecreme bestreichen, nach Belieben eine weitere Gurkenscheibe darauflegen wie bei einem Sandwich.

TIPP: Nach Wunsch mit halbierten Kirschtomaten, Radieschenscheiben oder frischen Basilikumblättern dekorieren.
Man kann die Gurken auch auf runde Pumpernickelscheiben setzen beziehungsweise diese mit Frischkäse bestreichen und dann die Gurken daraufsetzen.
Die Gurken mit Tomaten-Frischkäse sind ideal für ein Glukosespiegel-freundliches Büfett.

Eingelegte Gurkenscheiben

Ca. 10 Portionen
Pro 100-g-Portion: 18 kcal/ 2,2 g KH/ 0,7 g P/ 0,3 g F
vegan, glutenfrei

1 kg Salatgurke
1 Bund Dill
150 ml Apfelessig
200 ml weißer Balsamico-Essig
1 ½ EL Salz
300 ml Wasser
1 TL schwarze oder bunte Pfefferkörner

1. Verschließbare Gläser mit heißem Wasser ausspülen.
2. Gurken waschen und in Scheiben schneiden oder hobeln.
3. Dill waschen, trocken schütteln und kleiner zupfen.
4. Essig, Salz und Wasser in einem Topf aufkochen.
5. Währenddessen Gurken, Dill und Pfefferkörner in die Gläser verteilen.
6. Mit warmem Essigsud aufgießen. Gläser verschließen und vollständig abkühlen lassen.

TIPP: Gläser kühl und dunkel lagern oder im Kühlschrank aufbewahren. Die Gurken halten sich ca. 3 Monate.
Das Rezept ist vielseitig variierbar, zum Beispiel durch Zugabe von 1–2 EL Erythrit für einen süß-sauren Sud, einigen Scheiben frischem Meerrettich, 1–2 EL Senfsaat, 2–3 Lorbeerblättern, anderen Kräutern wie Estragon, Thymian oder Rosmarin, 1–2 EL klein gehackten Zwiebeln. Diese Zutaten am besten beim Aufkochen des Essigsuds einrühren.

Kimchi

Ca. 20 Portionen
Pro 100-g-Portion: 18 kcal/ 2,2 g KH/ 0,7 g P/ 0,3 g F
vegan, glutenfrei

1 Chinakohl (ca. 1,2–1,4 kg)
2 Karotten
75 g (Meer-)Salz
250 ml Wasser
30 g Klebreismehl
1 Bund Lauchzwiebeln
½ Apfel oder Birne
1 kleine Zwiebel
5 Knoblauchzehen
15 g Ingwer
3 EL Soja- oder Fischsoße
80 g Chiliflocken, z. B. Gochugaru
Gläser mit einem Gesamt-Füllvermögen von mind. 2,2 l, z. B. 4 × 550 ml

1. Vom Chinakohl die äußeren Blätter entfernen. Halbieren, Strunk herausschneiden und Blätter in mundgerechte Stücke schneiden.
2. Karotten waschen, schälen und in feine Streifen schneiden.
3. Chinakohl und Karotten in eine große Schüssel geben, mit Salz bestreuen und mit Wasser auffüllen, bis alles bedeckt ist. Nochmals gut vermengen, dann mindestens 2 Stunden ziehen lassen.
4. 250 ml Wasser in einem kleinen Topf erhitzen, Reismehl unter Rühren hinzufügen und bei mittlerer Hitze köcheln lassen, bis es eindickt. Dann vom Herd nehmen und abkühlen lassen.
5. Chinakohl in ein Sieb geben und unter fließendem Wasser 2–3-mal gut durchspülen, dann abtropfen lassen.
6. Lauchzwiebeln putzen und in feine Ringe schneiden oder hacken.
7. Apfel waschen, schälen und entkernen.
8. Zwiebel, Knoblauch und Ingwer schälen und mit dem Apfel grob zerkleinern. Dann zusammen mit der Sojasoße zu einer glatten Masse pürieren. Mit Chiliflocken und Lauchzwiebeln in eine Schüssel geben. Die abgekühlte Reispaste hinzufügen und alles vermengen.
9. Die Gewürzpaste mit dem Kohl in eine große Schüssel geben und gut verkneten (dabei am besten Einmalhandschuhe anziehen).
10. Kimchi in Gläser schichten. Jede Schicht gut festdrücken. Gläser mit Deckel verschließen und für 1–2 Tage bei Raumtemperatur in die Küche stellen, danach in den Kühlschrank geben. Nach 8–10 Tagen kann man das Kimchi probieren.

TIPP: Am besten schmeckt das Kimchi nach ca. 2 Wochen. Fest verschlossen hält es sich für mehrere Wochen im Kühlschrank. Anstatt der Karotten oder zusätzlich kann man auch Rettich in feinen Streifen dazugeben.

Avocadocreme mit Tomaten- und Gurkenwürfeln

2 Portionen
Pro Portion: 230 kcal/ 7,1 g KH/ 3,9 g P/ 20,4 g F
vegetarisch, glutenfrei

1 Avocado (ca. 150 g Fruchtfleisch)
2 EL Frischkäse oder Schmand
1 TL Zitronensaft
Salz, Pfeffer
½ kleine Salatgurke (ca. 150 g)
2 Tomaten
1 Stängel Basilikum
1 TL Apfelessig

1. Avocado halbieren, entkernen und das Fruchtfleisch mit einem Löffel aus der Schale heben, dann in grobe Stücke schneiden. Mit Frischkäse, Zitronensaft, Salz und Pfeffer vermischen. Mit der Gabel zerdrücken oder pürieren.
2. Gurke und Tomaten waschen, abtrocknen und jeweils würfeln.
3. Basilikum waschen, trocken schütteln, Blätter abzupfen und diese fein hacken.
4. Tomatenwürfel mit Apfelessig und Basilikum vermischen und ebenfalls salzen und pfeffern.
5. Dann alles auf 2 Gläser verteilen: erst die Avocadocreme, dann lagenweise die Tomaten- und Gurkenwürfel.

TIPP: Nach Belieben mit frisch gehackten Kräutern bestreuen. Für etwas mehr Schärfe mischt man Chilipulver oder Chiliflocken unter die Avocadocreme. Auch lecker mit anderen Gemüsesorten wie Paprikaschoten und Kohlrabi.

Avocado-Hummus mit Gemüsesticks

Avocado-Hummus Grundrezept für ca. 300 g
Pro 30-g-Portion: 57 kcal/ 2,3 g KH/ 1,2 g P/ 4,7 g F
vegan, glutenfrei

1 Avocado (ca. 150 g Fruchtfleisch)
100 g gekochte Kichererbsen aus der Dose (Abtropfgewicht)
1 EL Zitronensaft
1 EL Öl, z. B. Olivenöl
1 Msp. Kreuzkümmel
Salz, Pfeffer
1 Knoblauchzehe
1–2 EL Wasser nach Bedarf
½ Bund frischer Koriander oder Kräuter nach Wahl, z. B. Petersilie
Gemüse nach Belieben, z. B. 1 rote Paprikaschote, 1–2 Stangen Sellerie, 2 Karotten, ½ Salatgurke

1. Avocado entkernen und Fruchtfleisch mit einem Löffel herausnehmen.
2. Avocado-Fruchtfleisch zusammen mit Kichererbsen, Zitronensaft, Öl und Gewürzen in eine Schüssel oder Küchenmaschine geben, Knoblauchzehe hinzupressen.
3. 1 EL Wasser hinzufügen und alles pürieren. Bei Bedarf etwas mehr Wasser dazugeben, bis eine cremige Konsistenz erreicht ist.
4. Koriander waschen und trocken schütteln. Fein hacken und unter das Hummus mischen.
5. Mit Salz, Pfeffer und Kreuzkümmel abschmecken.
6. Gemüse waschen, putzen und in Sticks, Würfel oder Scheiben schneiden. Mit dem Avocado-Hummus genießen.

TIPP: Mit frisch gehackten Kräutern bestreuen. Mindestens 2 Stunden im Kühlschrank durchziehen lassen. Man kann auch gekochtes Gemüse dazu essen, zum Beispiel Zucchini, Brokkoli oder Blumenkohl.

Baba Ganoush mit Gemüsesticks

Baba-Ganoush-Grundrezept für ca. 600 g
Pro 100-g-Portion: 71 kcal/ 2,9 g KH/ 2,4 g P/ 5,4 g F
vegan, glutenfrei

2 Auberginen (ca. 550 g Fruchtfleisch)
1 EL Öl, z. B. Olivenöl
2 Knoblauchzehen
4 EL Sesammus/Tahini
2 EL Zitronensaft
½ TL Salz
1 Prise Pfeffer
½ TL Kreuzkümmel
Gemüsesticks zum Servieren (z. B. aus roter Paprikaschote, Stangensellerie, Karotten, Salatgurke, Kirschtomaten)

1. Backofen auf 200 °C Ober-/Unterhitze vorheizen.
2. Auberginen waschen, Enden abschneiden und halbieren. Mit dem Messer die Schnittflächen leicht rautenförmig einritzen und mit Öl bestreichen. Mit der Schnittfläche nach unten auf ein mit Backpapier belegtes Backblech geben.
3. Im Ofen ca. 40 Min. rösten, dann bei Bedarf mit Alufolie abdecken, damit sie nicht zu dunkel werden. Weitere 10–15 Min. backen, bis das Innere weich gegart ist. Dann herausnehmen und abkühlen lassen.
4. Knoblauch schälen.
5. Fruchtfleisch mit einem Löffel aus den Auberginen kratzen und in eine Schüssel geben. Dann Knoblauch hinzupressen und mit allen restlichen Zutaten vermischen. Alles pürieren und mit Salz, Pfeffer und Kreuzkümmel abschmecken.
6. Mit dem Gemüse servieren.

TIPP: Mit frisch gehackten Kräutern oder Paprikapulver bestreuen.
Auch lecker: Ofengemüse oder gegartes Gemüse dazu essen; auf die Saatencracker (S. 148) streichen.
Macht sich auch sehr gut auf einer Party als Blutzuckerspiegel-freundliche Vorspeisenplatte.
Baba Ganoush hält sich luftdicht verschlossen im Kühlschrank ca. 1 Woche.
Man kann es auch einfrieren!

Sesam-Joghurt-Soße

4 Portionen
Pro Portion: 89 kcal/ 2,6 g KH/ 2,8 g P/ 14,4 g F
vegetarisch, glutenfrei

200 g griechischer Joghurt, Natur
1 EL Sesammus/Tahini
1 EL Zitronensaft
Salz
gemahlener Kreuzkümmel
1 TL helle und schwarze Sesamkerne

1. Joghurt, Sesammus und Zitronensaft verrühren.
2. Mit Salz und Kreuzkümmel abschmecken.
3. Sesamkerne darüberstreuen oder untermischen.

TIPP: Schmeckt lecker zu Gemüse-Bowls, gedünstetem oder gebratenem Gemüse, aber auch zum Dippen für Rohkost wie Karottensticks.

GERICHTE MIT HÄHNCHEN, FISCH UND FLEISCH

Gemüse und Hähnchen – alles auf einem Blech

2 Portionen
Pro Portion: 406 kcal/ 17,1 g KH/ 36,5 g P/ 20 g F
glutenfrei

- 3 Stängel Oregano
- 3 EL Öl, z. B. Olivenöl
- Salz, Pfeffer
- 2 Knoblauchzehen
- 1 rote Paprikaschote
- 1 gelbe Paprikaschote
- 1 kleine Zucchini
- 150 g Kirschtomaten
- 1 rote Zwiebel
- 200 g Hähnchenbrustfilets
- ½ TL Paprikapulver
- 1 EL Sesammus

1. Oregano waschen, trocken schütteln und fein hacken.
2. 2 EL Öl, gehackter Oregano, Salz und Pfeffer vermischen, Knoblauch hinzupressen.
3. Gemüse waschen und abtrocknen. Paprikaschoten entkernen, harte Enden der Zucchini abschneiden und beides in kleine Stücke schneiden. Tomaten vierteln oder in Scheiben schneiden.
4. Zwiebel schälen und klein schneiden.
5. Gemüse mit Kräuteröl vermischen.
6. Hähnchenbrustfilets mit kaltem Wasser abbrausen und mit Küchenpapier trocken tupfen. 1 EL Öl mit Paprikapulver, Salz, Pfeffer und Sesammus verrühren, dann mit den Hähnchenbrustwürfeln vermischen. Gemüse und Hähnchen ziehen lassen, bis der Ofen vorgeheizt ist.
7. Backofen auf 200 °C Ober-/Unterhitze vorheizen.
8. Gemüse und Hähnchen auf ein mit Backpapier belegtes Backblech geben, dann ca. 20 Min. backen, bei Bedarf einmal wenden.

TIPP: Anstatt Hähnchen kann man auch grobe Lachswürfel oder Schafskäse verwenden. Dazu das Gemüse in den Ofen geben und 10 Min. backen. Dann erst die Lachswürfel oder Fetawürfel für die restliche Zeit hinzufügen.

TIPP: Das Gemüse kann man beliebig variieren, zum Beispiel mit Auberginen, Kohlrabi oder Süßkartoffeln. Am besten bereitet man gleich etwas mehr Gemüse zu und schiebt ein weiteres Blech mit Gemüse in den Ofen. So hat man für mehrere Tage noch Gemüsevorspeisen und -beilagen.
Auch lecker mit einem Dip. Wenn man dazu noch eine Beilage wie Reis oder Quinoa wählt, kann man aus den 2 Portionen sogar 4 Portionen zusammenstellen.

Weißkohl-Pilz-Pfanne mit Hähnchenbrust

2 Portionen
Pro Portion: 392 kcal/ 21,1 g KH/ 46,7 g P/ 11,3 g F
glutenfrei

500 g Weißkohl
300 g Champignons
100 g Zucchini
1 Zwiebel
1 Knoblauchzehe
3 TL Öl, z. B. Olivenöl
250 g Gemüsebrühe
Salz, Pfeffer
1 TL Kümmel
1 EL frisch gehackte oder TK-Petersilie
2 Hähnchenbrustfilets (à ca. 150 g)
½ TL edelsüßes Paprikapulver

1. Strunk vom Weißkohl entfernen und den Weißkohl in dünne Streifen schneiden.
2. Champignons putzen und in Scheiben schneiden.
3. Zucchini waschen, halbieren und in Scheiben schneiden.
4. Zwiebel und Knoblauch schälen und in feine Würfel schneiden.
5. 1 TL Öl in einer Pfanne erhitzen und Zwiebel- und Knoblauchwürfel darin anbraten. Champignons hinzufügen und scharf anbraten.
6. Weißkohl sowie Zucchini dazugeben und unter mehrmaligem Wenden ca. 5 Min. mitgaren.
7. Mit Gemüsebrühe ablöschen und mit Salz, Pfeffer, Kümmel und Petersilie abschmecken. Weiterköcheln lassen, bis die Brühe verkocht und der Weißkohl weich gegart ist (ca. 10–12 Min.).
8. Währenddessen Hähnchenbrustfilets mit kaltem Wasser abbrausen und mit Küchenpapier trocken tupfen.
9. 2 TL Olivenöl mit Salz, Pfeffer und Paprikapulver vermischen. Hähnchenbrustfilets rundherum damit bepinseln und in der (Grill-)Pfanne erst von beiden Seiten scharf anbraten und dann bei niedriger Hitze in ca. 5–10 Min. durchgaren. In Streifen schneiden und zum Gemüse genießen.

TIPP: Dazu schmeckt auch ein Spiegelei oder gebratener Lachs anstatt Hähnchen.

Hähnchen-Brokkoli-Pfanne

2 Portionen
Pro Portion: 380 kcal/ 4,9 g KH/ 39,5 g P/ 20,1 g F
glutenfrei

1 kleiner Brokkoli (ca. 250 g)
250 g Hähnchenbrustfilets
Salz, Pfeffer
200 g Champignons
1 rote Chilischote
2 EL Öl, z. B. Olivenöl
1–2 EL Sesamsamen

1. Brokkoli putzen, in Röschen teilen, dann waschen und in einem Topf mit kochendem Salzwasser in 4–6 Min. bissfest garen. Dann in Eiswasser geben oder mit sehr kaltem Wasser abbrausen und abtropfen lassen.
2. Hähnchenbrust mit Wasser abspülen, trocken tupfen und in Stücke schneiden. Mit Salz und Pfeffer würzen.
3. Champignons putzen und in Scheiben schneiden.
4. Chilischote waschen, entkernen und in Stücke schneiden.
5. Öl in einer Pfanne erhitzen. Hähnchenbrust darin unter Wenden von allen Seiten anrösten, dann aus der Pfanne nehmen.
6. Champignons in Pfanne geben und 2–3 Min. scharf anbraten. Dann Hähnchenbruststücke, Brokkoli, Chili und Sesamsamen hinzufügen und unter mehrmaligem Wenden in 1–2 Min. fertig dünsten.
7. Mit Salz und Pfeffer abschmecken.

TIPP: Cashewkerne in einer Pfanne ohne Fett anrösten und als Topping darüberstreuen. Dazu schmeckt zum Beispiel die Sesam-Joghurt-Soße auf S. 98.

Steak mit Bratkartoffel-Gemüse-Pfanne

2 Portionen
Pro Portion: 455 kcal/ 29 g KH/ 36,3 g P/ 19,6 g F
glutenfrei

- 300 g kleine Kartoffeln, gekocht, vom Vortag
- 1 rote Paprikaschote
- 100 g bunte Kirschtomaten
- 250 g frische grüne Bohnen (alternativ TK-Bohnen)
- 2 Steaks, z. B. vom Rind (à ca. 150 g)
- 1 EL Butterschmalz oder Öl
- 1 EL Öl, z. B. Olivenöl
- Salz, Pfeffer
- ½ TL getrocknete Kräuter, z. B. Kräuter der Provence oder Thymian

1. Kartoffeln in Scheiben oder kleinere Stücke schneiden.
2. Paprikaschote und Tomaten waschen und abtrocknen. Die Paprikaschote entkernen und in Stücke, die Tomaten halbieren oder in Scheiben schneiden.
3. Grüne Bohnen putzen und waschen. Dann in kochendem Salzwasser für 4–8 Min. bissfest blanchieren. In Eiswasser oder sehr kaltem Wasser abschrecken und abtropfen lassen.
4. Währenddessen das Fleisch abspülen und mit Küchenpapier trocken tupfen.
5. Butterschmalz in einer Pfanne hoch erhitzen. Steaks in die Pfanne geben und je nach gewünschtem Gargrad und Dicke des Steaks auf jeder Seite 1–3 Min. braten. Dann aus der Pfanne nehmen.
6. Gemüse mit Öl, Gewürzen und Kräutern in einer Schüssel vermischen. Dann in die Pfanne geben und bei mittlerer Hitze und mehrmaligem Wenden ca. 5 Min. anbraten. Aus der Pfanne nehmen, kurz warm stellen und die Steaks zum Erwärmen nochmals kurz in die Pfanne geben.
7. Steak mit Salz und Pfeffer würzen und mit dem Gemüse genießen.

TIPP: Dazu schmeckt eine leckere Tomatensoße, zum Beispiel aus 200 g gehackten Tomaten aus der Dose, aufgekocht mit ½ TL gehackten Kräutern und mit Salz und Pfeffer gewürzt.

Bunte Garnelen-Pfanne

2 Portionen
Pro Portion: 331 kcal/ 14,8 g KH/ 26,2 g P/ 15,8 g F
glutenfrei

250 g küchenfertige Garnelen
Saft von 1 Limette
Salz, Pfeffer
1 gelbe Paprikaschote
1 rote Paprikaschote
1 grüne Paprikaschote
1 grüne oder rote Chilischote
1 rote Zwiebel
½ Bund Petersilie
2 EL Öl, z. B. Olivenöl
1 EL Gemüsebrühe oder Wasser

1. Garnelen waschen und trocken tupfen.
2. Limettensaft in einer Schüssel mit den Garnelen vermischen, salzen und pfeffern.
3. Paprikaschoten waschen, entkernen und in Stücke schneiden.
4. Chilischote waschen, abtrocknen und in Scheiben schneiden.
5. Zwiebel schälen, halbieren und in feine Scheiben schneiden.
6. Petersilie waschen, trocken schütteln und grob hacken.
7. 1 EL Öl in einer Pfanne erhitzen und Garnelen darin von allen Seiten scharf anbraten. Aus der Pfanne nehmen und auf einem Teller beiseitestellen.
8. Das restliche Öl in der Pfanne erhitzen, Zwiebel 1–2 Min. darin andünsten. Dann Paprikastücke, Chilischote und Gemüsebrühe hinzufügen. Falls vorhanden, Deckel aufsetzen und alles in 4–6 Min. bissfest garen.
9. Dann Garnelen in die Pfanne geben, alles vermischen und mit Salz und Pfeffer würzen.
10. Mit gehackter Petersilie bestreuen.

TIPP: Nach Belieben Chilipaste unterrühren, dann bekommt die Garnelen-Pfanne eine feurige Note. Schmeckt auch lecker zur Sesam-Joghurt-Soße (S. 98) oder als Füllung in einem Wrap. Der Pfanne zusätzlich eine Dose gehackte Tomaten und 1 TL getrockneten Oregano hinzufügen.

Fisch mit Gemüsemix

2 Portionen
Pro Portion: 337 kcal/ 8,7 g KH/ 7,2 g P/ 36,1 g F
glutenfrei

- 2 Fischfilets, z. B. Seebarsch, Kabeljau, Scholle, Zander (à ca. 150 g)
- Saft von 1 Zitrone
- Salz, Pfeffer
- 1 kleine Zucchini
- 3 Tomaten
- ½ Bund Petersilie
- 1 Lauchzwiebel
- 2 Knoblauchzehen
- 2 EL Öl, z. B. Olivenöl
- 1 Zweig Thymian

1. Fisch mit Wasser abspülen und trocken tupfen.
2. Zitronensaft über die Fischfilets geben und von beiden Seiten mit Salz und Pfeffer würzen, dann ziehen lassen.
3. Zucchini und Tomaten waschen und abtrocknen. Harte Enden der Zucchini abschneiden, dann fein würfeln. Grün der Tomaten entfernen und diese ebenfalls fein würfeln.
4. Petersilie waschen, trocken schütteln und fein hacken.
5. Lauchzwiebel putzen und in feine Röllchen schneiden.
6. Zucchini, Tomaten, Lauchzwiebel und 1 EL gehackte Petersilie in eine Schüssel geben. Knoblauch hinzupressen, 1 EL Öl hinzufügen und mit Salz und Pfeffer würzen.
7. Thymian waschen und trocken schütteln. 1 EL Öl in eine Pfanne geben und Fischfilets zusammen mit dem Thymian hinzufügen. Je nach Dicke des Filets ca. 2–3 Min. auf jeder Seite braten. Thymianzweig entfernen und Fisch kurz warm stellen.
8. Gemüsemischung in die Pfanne geben und ca. 3 Min. unter Rühren anbraten. Mit Salz und Pfeffer abschmecken.
9. Fischfilets auf Teller anrichten und Gemüse über die Fischfilets geben oder als Gemüsebett anrichten und die Fischfilets auflegen. Mit der restlichen Petersilie dekorieren.

TIPP: Anstatt Tomaten kann man zum Beispiel auch 1–2 rote Paprikaschoten verwenden.

Fisch-Tomaten-Pfanne

2 Portionen
Pro Portion: 586 kcal/ 47,7 g KH/ 39,9 g P/ 23,4 g F
glutenfrei

- 220 g Kichererbsen (Abtropfgewicht)
- 150 g Kirschtomaten
- 1 kleine Zwiebel
- 1–2 Knoblauchzehen
- 2 EL Öl, z. B. Olivenöl
- 1 EL Tomatenmark
- 1 Dose gehackte Tomaten (400 g)
- 300 g passierte Tomaten
- Salz, Pfeffer
- 1 TL edelsüßes Paprikapulver
- 250 g Fischfilets, z. B. Kabeljaufilets (ohne Haut, ohne Gräten)
- 80 g grüne Oliven (entsteint)
- ½ Bund Petersilie

1. Kichererbsen in ein Sieb geben, mit Wasser durchspülen und abtropfen lassen.
2. Tomaten waschen und abtrocknen.
3. Zwiebel und Knoblauch schälen und fein hacken.
4. Öl in einer großen, hohen Pfanne erhitzen und die Zwiebel darin anschwitzen.
5. Dann Knoblauch und Kichererbsen hinzufügen und 1–2 Min. mitdünsten.
6. Tomatenmark einrühren, gehackte und passierte Tomaten hinzufügen. Mit Salz, Pfeffer und Paprikapulver vermischen und ca. 10 Min. bei niedriger Hitze und gelegentlichem Rühren köcheln lassen.
7. Währenddessen Fischfilets mit Wasser abbrausen, trocken tupfen und in beliebige Stücke schneiden. Mit Salz und Pfeffer würzen.
8. Nachdem die Tomatensoße 10 Min. geköchelt hat, nochmals gut durchrühren, dann Fischfilets, Tomaten und Oliven darauf verteilen. Möglichst mit einem Deckel abdecken und 5–10 Min. bei niedriger Hitze köcheln lassen, bis der Fisch durchgegart ist.
9. Petersilie waschen, trocken schütteln und fein hacken. Die Fisch-Tomaten-Pfanne damit bestreuen.

TIPP: Zitronenscheiben zur Fisch-Tomaten-Pfanne servieren. Die Kichererbsen kann man zum Beispiel auch durch weiße Bohnen ersetzen und den Fisch vorher von beiden Seiten in etwas Öl anbraten.

Chicken-Bowl mit Bohnen, Kohl, Paprika und Reis

2 Portionen
Pro Portion: 679 kcal/ 73,3 g KH/ 45,7 g P/ 20,1 g F
glutenfrei

1 Stück Ingwer (ca. 1,5 cm)
1 Knoblauchzehe
1 Zitrone
2 EL Öl, z. B. Olivenöl
1 TL Sojasoße (optional)
2 Hähnchenbrustfilets (à ca. 100 g)
Salz, Pfeffer
1 rote Spitzpaprikaschote
½ Salatgurke
150 g Reis, z. B. Basmati oder Langkorn
150 g Grünkohl oder Wirsing
120 g Edamame-Bohnen (z. B. geschält, TK)
gemahlener Kreuzkümmel
Chiliflocken (optional)
1 TL Reisessig oder weißer Balsamico
2 TL heller und schwarzer Sesam

1. Ingwer und Knoblauch schälen, dann fein hacken.
2. Zitrone halbieren. Eine Hälfte auspressen, den Rest in Scheiben schneiden.
3. Öl, Ingwer, Knoblauch, Sojasoße und Zitronensaft vermischen.
4. Hähnchenbrustfilets mit kaltem Wasser abbrausen und mit Küchenpapier trocken tupfen. Mit der Marinade bepinseln, rundherum mit Salz und Pfeffer würzen und ca. 10 Min. abgedeckt durchziehen lassen.
5. Paprikaschote und Gurke waschen, Kerne der Paprika entfernen und beides in längliche Streifen schneiden.
6. Reis mit Wasser durchspülen, abseihen und nach Packungsanleitung in ca. 10–20 Min. (je nach Reisart) garen.
7. Währenddessen den Kohl putzen, waschen und den Strunk entfernen. In grobe Streifen schneiden. Salzwasser in einem Topf erhitzen und die Kohlstreifen für ca. 3 Min. hineingeben. Mit einem Schaumlöffel herausnehmen und in eine Schüssel mit Eiswasser geben. Danach abseihen und gut abtropfen lassen.
8. Edamame nach Packungsanleitung in Salzwasser ca. 6–8 Min. garen. Dann abseihen.
9. Hähnchenbrustfilets in der (Grill-)Pfanne erst von beiden Seiten scharf anbraten und dann bei niedriger Hitze in ca. 7–10 Min. durchgaren. Aus der Pfanne nehmen und zum Warmhalten abdecken.

▶

10. Kohl ganz kurz in die Pfanne geben und mit Salz, Pfeffer, Kreuzkümmel und Chiliflocken abschmecken.

11. Den Reis nach dem Kochen mit Reisessig vermischen. Dann zusammen mit Edamame, Kohl, Paprika und Gurken auf 2 Bowls verteilen. Hähnchenbrustfilets jeweils in Streifen schneiden und in die Bowls legen. Hähnchen mit Sesamkernen bestreuen und mit den Zitronenscheiben garnieren.

TIPP: Mit frischen Lauchzwiebeln bestreuen. Zu der Chicken-Bowl passt die Joghurt-Sesam-Soße (S. 98). Wird eine größere Menge Kohl und Edamame gekocht, kann diese als Gemüsevorspeise für die nächste Mahlzeit genutzt werden. Falls man den Reis schon am Vortag kocht, kann man, wie auf S. 33 (Tipp 12) empfohlen, die resistente Stärke nutzen. Schneller geht es mit gekochten Edamame aus der Dose. Auch Grünkohl kann man roh dazu essen, ohne ihn vorher zu kochen.

VEGETARISCHE SPEISEN

Blumenkohlreis mit gebratenem Gemüse

2 Portionen
Pro Portion: 313 kcal/ 20,8 g KH/ 12,3 g P/ 16,1 g F
vegan, glutenfrei

600 g Blumenkohl
250 g Brokkoli
1 Karotte
6 Kirschtomaten
3 Lauchzwiebeln
2 Knoblauchzehen
2 Stängel Basilikum
2 EL Öl, z. B. Olivenöl
Salz, Pfeffer
2 TL Currypulver, alternativ Kurkuma

1. Blumenkohl und Brokkoli putzen, jeweils in Röschen teilen, waschen und abtropfen lassen.
2. Karotte und Tomaten waschen und abtrocknen. Karotte bei Bedarf schälen. Alles in Würfel oder Scheiben schneiden.
3. Lauchzwiebeln putzen und in Röllchen schneiden.
4. Knoblauch schälen und fein hacken.
5. Basilikum waschen, trocken schütteln, Blätter abzupfen und diese fein hacken.
6. Öl in einer Pfanne erhitzen. Karotten, Tomaten und Knoblauch hineingeben und unter Rühren 2 Min. andünsten.
7. Brokkoliröschen kleiner schneiden und in die Pfanne geben. Unter Rühren 2 Min. mitdünsten.
8. Blumenkohl zu Reiskerngröße zerkleinern oder hacken. Dann mit Lauchzwiebeln der Pfanne hinzufügen.
9. Mit Salz, Pfeffer und Currypulver würzen. Bei Bedarf noch 1 EL Wasser oder Brühe hinzufügen und unter Rühren 1–3 Min. fertig braten.
10. Mit Salz und Pfeffer abschmecken und mit Basilikum bestreuen.

TIPP: Gemüse kann man auch variieren: zum Beispiel mit Paprikaschoten, Kohlrabi oder roten Zwiebeln.

Gemüse-Bratkartoffeln

2 Portionen
Pro Portion: 382 kcal/ 45,6 g KH/ 9,6 g P/ 15,1 g F
vegan, glutenfrei

500 g Kartoffeln vom Vortag, gekocht
3 Lauchzwiebeln
200 g Zucchini
100 g Kirschtomaten
1 rote Paprikaschote
½ Bund Petersilie
2 EL Öl, z. B. Olivenöl, alternativ Butter
2–3 EL Brühe, z. B. Gemüsebrühe
Salz, Pfeffer

1. Kartoffeln in Scheiben schneiden.
2. Lauchzwiebeln putzen und in Ringe schneiden.
3. Zucchini, Tomaten und Paprika waschen und abtrocknen. Zucchini und Tomaten in Stücke schneiden, Paprikaschote entkernen und in kurze Streifen schneiden.
4. Petersilie waschen, trocken schütteln und fein hacken.
5. Öl in einer Pfanne erhitzen und erst die Kartoffeln darin kurz anrösten, dann aus der Pfanne nehmen.
6. Restliches Gemüse in die Pfanne geben. 2 Min. unter Wenden anrösten, dann Brühe und 1 EL gehackte Petersilie hinzufügen. Bei mittlerer Hitze 3 Min. köcheln lassen, bis die Brühe verdampft ist, sonst abgießen.
7. Kartoffeln wieder hinzufügen und bei hoher Hitze und unter Wenden alles nochmals kräftig anrösten. Mit Salz und Pfeffer abschmecken.
8. Die Gemüsepfanne mit der restlichen Petersilie bestreuen.

TIPP: Die Gemüse-Bratkartoffeln kann man noch mit einer Eiweißquelle anreichern: zum Beispiel Tofu, Hähnchen oder Feta in Würfeln hinzufügen und mit dem Gemüse anbraten.

Pizza Tomate-Mozzarella-Rucola

2 Portionen
Pro Portion: 665 kcal/ 16,7 g KH/ 39,4 g P/ 46,4 g F
vegetarisch, glutenfrei

2 Kugeln Mozzarella (à ca. 125 g)
450 g Blumenkohl
1 Ei
2 EL geriebener Parmesan
100 g Frischkäse
2 TL getrockneter Oregano
Salz, Pfeffer
3 TL Öl, z. B. Olivenöl
300 g gehackte Tomaten
120 g Rucola

1. Mozzarella in feine Scheiben schneiden und abtropfen lassen.
2. Blumenkohl putzen, in grobe Stücke teilen und mit Wasser abbrausen. Dann abtropfen lassen und mit einer Küchenmaschine zu Reiskerngröße zerkleinern.
3. Salzwasser zum Kochen bringen und den Blumenkohl für ca. 5 Min. garen. Dann kalt abschrecken und abtropfen lassen.
4. Backofen auf 180 °C Ober-/Unterhitze vorheizen.
5. Den Blumenkohl portionsweise in ein sauberes Küchentuch geben und das Wasser gut ausdrücken. Mit Ei, Parmesan, Frischkäse und 1 TL Oregano in einer Schüssel vermischen und mit Salz und Pfeffer würzen.
6. Ein Backblech mit Backpapier belegen und mit 1 TL Öl großflächig dünn einpinseln. Die Masse nochmals gut durchkneten und auf dem Blech 2 (längliche) Pizzaböden formen. Diese fest andrücken (zum Beispiel mit einem weiteren Backpapier belegen und mit dem Nudelholz vorsichtig platt drücken).
7. In den Backofen schieben und 35–40 Min. backen.
8. Währenddessen gehackte Tomaten, 1 TL Oregano, Salz und Pfeffer vermischen und bis zur gewünschten Konsistenz pürieren (stückiger oder cremiger).
9. Pizzaböden aus dem Ofen nehmen, mit Soße bestreichen und mit Mozzarellascheiben belegen. Reste der Soße später zur gebackenen Pizza genießen. Für weitere 10–12 Min. in den Ofen geben und fertig backen.
10. In der Zwischenzeit Rucola verlesen, waschen und trocken schleudern.
11. Pizza nach dem Backen mit Rucola bestreuen, mit jeweils 1 TL Olivenöl beträufeln und mit frisch gemahlenem Pfeffer bestreuen.

TIPP: Mehr Blumenkohlreis vorbereiten und zum Beispiel als Vorspeise zum Salat aus Blumenkohlreis und Paprika (S. 68) verarbeiten. Auch aus etwas mehr Rucola lässt sich mit Apfelessig, Öl, Salz und Pfeffer ein schneller Vorspeisensalat zubereiten.

Blumenkohl-Zucchini-Taler

2 Portionen/ Für 10 Stück
Pro Portion: 338 kcal/ 8,1 g KH/ 27 g P/ 20,8 g F
vegetarisch, glutenfrei

4 Lauchzwiebeln
250 g Blumenkohl
150 g Zucchini
Salz
30 g Parmesan
70 g Käse, z. B. Emmentaler oder Gouda
Pfeffer
Muskatnuss, gemahlen
2 Eier

1. Backofen auf 180 °C Umluft vorheizen, Backblech mit Backpapier auslegen.
2. Lauchzwiebeln waschen, putzen und fein hacken.
3. Blumenkohl in Röschen teilen, waschen, abtropfen lassen, dann raspeln.
4. Zucchini waschen, abtrocknen und ebenfalls raspeln.
5. In eine Schüssel geben und mit Salz würzen, gut durchmischen und 20 Min. ziehen lassen. Danach die austretende Flüssigkeit weggießen und die Gemüseraspel in ein sauberes Küchentuch geben und gut ausdrücken.
6. Parmesan und Käse reiben und mit den Gemüseraspeln vermengen. Mit Salz, Pfeffer und Muskatnuss kräftig würzen.
7. Eier verquirlen und zu den Gemüseraspeln geben, gut vermischen.
8. 10 Kleckse der Masse auf das Backpapier geben und flach drücken. Im Ofen 12–17 Min. backen. Nach etwa 10 Min. vorsichtig einmal wenden.

TIPP: Dazu am besten einen Salat und/oder eine Gemüsevorspeise kombinieren. Man kann die Taler zum Beispiel auch mit frischem Rucola und Tomatenscheiben belegen und genießen.

Nudeltopf mit weißen Bohnen

2 Portionen
Pro Portion: 594 kcal/ 89,7 g KH/ 25,5 g P/ 11,7 g F
vegetarisch

220 g weiße gekochte Bohnen (Abtropfgewicht)
1 Karotte
1 kleine Stange Lauch
1 EL Öl, z. B. Olivenöl
1 EL Tomatenmark
600 ml Brühe, z. B. Gemüsebrühe
250 ml passierte Tomaten
150 g Nudeln, z. B. Hörnchen (roh)
100 g TK-Erbsen
½ Bund Petersilie
Salz, Pfeffer

1. Bohnen abseihen und abtropfen lassen.
2. Karotte waschen, schälen und in Stücke oder Scheiben schneiden.
3. Lauch putzen und in feine Ringe schneiden.
4. In einem Topf Öl erhitzen und Lauch kurz darin andünsten.
5. Tomatenmark und Karottenstücke oder -scheiben hinzufügen und mit Gemüsebrühe und passierten Tomaten aufgießen.
6. Nudeln dazugeben und so lange kochen, bis sie bissfest sind. Nach etwa 4 Min. Garzeit die Bohnen und Erbsen hinzufügen und mitkochen lassen.
7. Währenddessen Petersilie waschen, trocken schütteln und fein hacken.
8. Bohnen-Nudel-Topf mit Salz und Pfeffer abschmecken und mit Petersilie bestreuen.

TIPP: Man kann die passierten Tomaten auch durch die gleiche Menge Brühe oder gehackte Tomaten ersetzen.

Gebackene Auberginenhälften mit Feta

2 Portionen
Pro Portion: 382 kcal/ 12,6 g KH/ 12,8 g P/ 30,3 g F
vegetarisch, glutenfrei

2 große Auberginen (ca. 600 g)
3 EL Öl, z. B. Olivenöl
2 EL passierte Tomaten (alternativ 1 EL Tomatenmark)
2 Knoblauchzehen
Salz, Pfeffer
100 g Feta
½ Bund Kräuter, z. B. Petersilie, Basilikum

1. Backofen auf 180 °C Umluft vorheizen.
2. Auberginen waschen, abtrocknen und halbieren. Die Schnittflächen tief und kreuzförmig einritzen.
3. Öl mit passierten Tomaten vermischen.
4. Knoblauch schälen und zur Öl-Tomaten-Mischung pressen. Mit Salz und Pfeffer würzen und gut verrühren. Dann Auberginen-Schnittflächen damit bestreichen.
5. Auberginen in eine gefettete Auflaufform geben und für 25–30 Min. im Ofen garen.
6. Feta zerbröseln und auf die Auberginen streuen. Man kann den Feta auch ca. 5 Min. vor Ende der Backzeit darauf verteilen und mitbacken.
7. Kräuter waschen, trocken schütteln und fein hacken. Auberginen damit bestreuen.

TIPP: Anstatt Auberginen kann man auch Zucchini verwenden.

Nudel-Gemüse-Pfanne

2 Portionen
Pro Portion: 544 kcal/ 66,4 g KH/ 20,3 g P/ 20,4 g F
vegetarisch

150 g rohe Spaghetti (bzw. ca. 300 g, gekocht und vollständig abgekühlt)
1 Karotte
150 g Brokkoli
150 g Champignons
1 rote Paprikaschote
½ Bund Petersilie
1 EL Öl, z. B. Olivenöl
150 ml Brühe, z. B. Gemüsebrühe
3 EL Sesammus/Tahini
3 EL Frischkäse
Salz, Pfeffer

1. Nudeln nach Packungsanleitung kochen, abseihen und vollständig abkühlen lassen.
2. Karotte waschen, bei Bedarf schälen und in Scheiben schneiden.
3. Brokkoli putzen, in Röschen teilen oder kleiner schneiden, waschen und abtropfen lassen.
4. Champignons putzen und in Scheiben schneiden.
5. Paprikaschote waschen, abtrocknen, entkernen und in Streifen schneiden.
6. Petersilie waschen, trocken schütteln und fein hacken.
7. Öl in einer Pfanne erhitzen und die Pilze kurz scharf darin anbraten, dann aus der Pfanne nehmen.
8. Karotte, Brokkoli und Paprikaschote in die Pfanne geben, kurz andünsten, dann Brühe hinzufügen. Gemüse in ca. 4–7 Min. bissfest garen.
9. Sesammus, Frischkäse und 1 EL gehackte Petersilie einrühren und bei niedriger Hitze ca. 2 Min. unter Rühren erwärmen.
10. Nudeln ebenfalls in die Pfanne geben und alles gut vermengen. Noch für ca. 2 Min. auf dem Herd belassen und alles gut durchrühren. Mit Salz und Pfeffer abschmecken und mit der restlichen Petersilie bestreuen.

TIPP: Anstatt roter Paprikaschote kann man auch eine gelbe oder orangefarbene verwenden. Auch lecker: rote Zwiebeln oder Rotkohl als Streifen hinzufügen und mitkochen.

Nudeln mit Tomaten-Cashew-Soße

2 Portionen
Pro Portion: 636 kcal/ 80,9 g KH/ 23,1 g P/ 23 g F
vegan

180 g Vollkornnudeln, z. B. Penne
200 g Kirschtomaten
2 Stängel Basilikum
100 g Cashewkerne
150 ml passierte Tomaten
60(-80) ml heißes Wasser (z. B. mit dem Wasserkocher aufkochen und sofort verwenden)
Salz, Pfeffer

1. Nudeln nach Packungsanleitung kochen und abseihen.
2. Währenddessen Tomaten waschen, abtrocknen und in Scheiben schneiden.
3. Basilikum waschen, trocken schütteln und Blätter abzupfen.
4. Cashewkerne mit passierten Tomaten, der Hälfte der Basilikumblätter und 60 ml heißem Wasser zu einer cremigen Konsistenz pürieren (bei Bedarf noch etwas heißes Wasser hinzufügen). Mit Salz und Pfeffer abschmecken.
5. Nudeln mit Tomaten-Cashew-Soße, Tomatenscheiben und Basilikumblättern dekorieren oder diese dazu genießen.

TIPP: Hier kann man auch den Tipp der resistenten Stärke verwenden. Dazu die Nudeln am besten am Vortag kochen. Zum Verzehr schnell in Mikrowelle oder Pfanne erwärmen und die Soße frisch dazu genießen.
Die Tomaten-Cashew-Soße kann man auch als Dip verwenden. Dazu einfach nur ohne zusätzliches Wasser pürieren, damit der Dip eine etwas festere Konsistenz bekommt.
Wer Kalorien und Kohlenhydrate sparen möchte, kann mit einem Spiralschneider Gemüsenudeln aus Zucchini oder Kohlrabi zubereiten und diese anstatt der Vollkornnudeln essen.

Ofengemüse

2 Portionen
Pro Portion: 287 kcal/ 15,8 g KH/ 11,6 g P/ 18,1 g F
vegan, glutenfrei

3 EL Öl, z. B. Olivenöl
1 TL getrockneter Oregano
1 TL getrockneter Thymian
Salz, Pfeffer
2 Knoblauchzehen
1 rote Paprikaschote
1 kleine grüne Zucchini
1 kleine gelbe Zucchini
150 g kleine (braune) Champignons
1 Brokkoli
2 rote Zwiebeln

1. Öl mit getrockneten Kräutern, Salz und Pfeffer vermischen, Knoblauch hinzupressen.
2. Gemüse waschen und abtrocknen. Paprikaschote entkernen, harte Enden der Zucchini abschneiden, Champignons putzen und alles in mundgerechte Stücke schneiden.
3. Brokkoli in Röschen teilen, waschen und trocken tupfen.
4. Zwiebeln schälen und klein schneiden.
5. Gemüse mit dem Kräuteröl vermischen. In eine Auflaufform oder auf ein mit Backpapier belegtes Backblech geben.
6. Backofen auf 180 °C Ober-/Unterhitze vorheizen.
7. Gemüse in den Ofen geben und 15–20 Min. backen. Zwischendurch einmal wenden.

TIPP: Lässt sich ideal kombinieren mit einer Proteinquelle wie Lachs, Tofu oder Hähnchen. Oder als Variation 150 g Schafskäse darüberbröseln und mitbacken. Dazu erst das Gemüse in den Ofen geben und für 10 Min. backen. Dann Schafskäsewürfel für die restliche Zeit hinzufügen und mitbacken.

SNACKS FÜR ZWISCHENDURCH

Mandeljoghurt mit gerösteten Kokosflocken

2 Portionen
Pro Portion: 272 kcal/ 6 g KH/ 7 g P/ 23,7 g F
vegetarisch, glutenfrei

20 g Kokosflocken
250 g griechischer Joghurt, Natur
2 EL Mandelmus (S. 142)

1. Kokosflocken in einer beschichteten Pfanne ohne Öl für 2–3 Min. unter ständigem Rühren anrösten. Danach etwas abkühlen lassen.
2. Joghurt mit Mandelmus verrühren und mit den gerösteten Kokosflocken bestreuen.

TIPP: Anstatt Mandelmus schmeckt auch Kokosmus. Kokosraspel kann man auch durch gemahlene Mandeln ersetzen. Auch lecker: mit gehackten Nüssen oder Mandelsplittern bestreuen.

Erdnussbutter (mit Selleriestangen und Nuss-Kerne-Mischung)

Erdnussbutter-Grundrezept für ca. 300 g
Pro 15-g-Portion: 85 kcal/ 2,4 g KH/ 3,9 g P/ 14,7 g F
vegan, glutenfrei

300 g geschälte Erdnüsse
½ TL (Meer-) Salz
2–4 Stangen Sellerie
4 TL Mischung z. B. aus Mandeln, Kürbiskernen, Nüssen, Sesamsamen

1. Erdnüsse in einer beschichteten Pfanne ohne Öl für 2–3 Min. rösten. Danach abkühlen lassen.
2. Mit Salz in eine Küchenmaschine geben und erst hacken, dann pulsartig zu einer groben Creme vermahlen. Zwischendurch pausieren, damit das Gerät nicht überhitzt. Je nach gewünschter Konsistenz (stückiger oder cremiger) mixen.
3. Selleriestangen putzen, waschen und abtrocknen.
4. Mit Erdnussbutter bestreichen und mit gehackten Nüssen bzw. Kernen und Saaten bestreuen.

TIPP: Für eine feinere Erdnussbutter kann man noch 2–3 EL Erdnussöl mitpürieren. Nach dem Rezept lässt sich auch andere Nussbutter, zum Beispiel aus Haselnüssen, oder Mandelbutter herstellen.

Brokkolistrunk-Chips

2 Portionen
Pro Portion: 130 kcal/ 2,3 g KH/ 7,6 g P/ 9,5 g F
vegetarisch, glutenfrei

Strunk von 2–3 Brokkoli
1 EL Öl, z. B. Olivenöl
Salz, Pfeffer
Gewürze nach Wahl, z. B. Paprikapulver, Chilipulver, Kurkuma
40 g Reibekäse

1. Den Strunk waschen und abtrocknen.
2. Bei Bedarf abschälen und harte Stellen abschneiden. Dann den Strunk in Scheiben schneiden.
3. Öl und Gewürze nach Wahl in einer Schüssel vermischen. Die Brokkolistrunk-Scheiben hinzufügen und alles gut vermengen.
4. Schüssel abdecken und ca. 30 Min. ziehen lassen.
5. Backofen auf 150 °C Umluft vorheizen.
6. Die marinierten Brokkolistücke auf ein mit Backpapier ausgelegtes Backblech geben. Einen Teil davon mit Reibekäse bestreuen.
7. Ca. 15–20 Min. im Ofen backen.

TIPP: Die leckere Knabberei schmeckt warm und kalt. Die Zubereitung der Brokkolistrunk-Chips kann man ideal mit der des Ofengemüses (S. 134) verbinden und beides in den Ofen geben. Anstatt Brokkolistrunk kann man zum Beispiel auch Zucchinischeiben verwenden.

Mandelmus (mit Apfelschnitzen)

Mandelmus-Grundrezept für ca. 320 g
Pro 10-g-Portion: 63 kcal/ 0,4 g KH/ 2,7 g P/ 5,7 g F
vegan, glutenfrei

300 g Mandeln
1 Msp. Vanillepulver gemahlen
1–2 EL Öl, z. B. Sonnenblumenöl
½ TL (Meer-) Salz
2 Äpfel, z. B. Granny Smith
4 TL gehackte Haselnüsse oder Mandeln

1. Backofen auf 180 °C Umluft vorheizen.
2. Mandeln auf einem mit Backpapier ausgelegten Backblech verteilen und für ca. 5–8 Min. anrösten. Darauf achten, dass sie nicht zu dunkel werden. Lauwarm abkühlen lassen und in eine Küchenmaschine geben: erst hacken, dann pulsartig zu einer groben Creme vermahlen. Zwischendurch pausieren, damit das Gerät nicht überhitzt. Vanillepulver, Öl und Salz hinzufügen und weitermixen bis zur gewünschten Konsistenz (cremig).
3. Äpfel waschen, abtrocknen, Kerngehäuse entfernen und in Scheiben oder Schnitze schneiden.
4. Mit Mandelmus bestreichen und mit gehackten Haselnüssen bestreuen.

TIPP: Für weißes Mandelmus verwendet man blanchierte Mandeln. Nach dem Rezept lässt sich auch Nussmus, zum Beispiel aus Haselnüssen, herstellen. Auch lecker: mit ein paar Heidelbeeren belegen.

BROT UND CRACKER

Ballaststoffreiches Körnerbrot

Ca. 16 Scheiben
Pro Scheibe: 169 kcal/ 1,7 g KH/ 7 g P/ 13,4 g F
vegan, glutenfrei

60 g Sonnenblumenkerne
60 g Kürbiskerne
100 g geschrotete Leinsamen
80 g Hanfsamen
50 g Chiasamen
100 g gehackte Mandeln
50 g Flohsamenschalen
2 TL Salz
3 EL Sesammus/Tahini oder Mandelmus oder Erdnussmus
1 EL Apfelessig
400 ml heißes Wasser
Kastenform, 22 cm lang

1. Alle trockenen Zutaten in einer Schüssel vermischen.
2. Sesammus, Apfelessig und Wasser gut verrühren. Dann zu den trockenen Zutaten geben und verkneten. Teig in die mit Backpapier ausgelegte Backform geben, festdrücken und für mindestens 2 Stunden zugedeckt quellen lassen.
3. Backofen auf 180 °C Ober-/Unterhitze vorheizen und für ca. 30 Min. backen.
4. Dann mit dem Backpapier aus der Form nehmen, auf ein Backblech oder einen Gitterrost geben und nochmals für 40–45 Min. backen.

TIPP: Anstatt Mandeln kann man auch Nüsse verwenden oder Sesamkerne untermischen.

Haferflocken-Saaten-Brot

Ca. 16 Scheiben
Pro Scheibe: 135 kcal/ 7,4 g KH/ 5,2 g P/ 8,5 g F
vegan

80 g kernige Haferflocken
100 g zarte Haferflocken
60 g Leinsamen
70 g geschrotete Leinsamen
50 g Sesamsamen
50 g Sonnenblumenkerne
30 g Hanfsamen
15 g Chiasamen
10 g Flohsamenschalen
2 TL Salz
450 ml Wasser

1. Alle trockenen Zutaten in einer Schüssel vermischen.
2. Wasser einrühren und mindestens 15 Min. quellen lassen.
3. Masse zu einem etwas länglichen Brotlaib formen und auf ein mit Backpapier belegtes Backblech geben.
4. In den kalten Backofen schieben und auf 200 °C Ober-/Unterhitze einschalten, dann 70–80 Min. backen.

TIPP: Anstatt feiner Haferflocken kann man auch Quinoa- oder Hirseflocken verwenden. Sonnenblumenkerne kann man zum Beispiel durch Kürbiskerne ersetzen.

Saatencracker

Ca. 14 Stück
Pro Stück mit ca. 10 g: 57 kcal/ 0,3 g KH/ 2,5 g P/ 4,8 g F
vegan, glutenfrei

30 g Kürbiskerne
60 g geschrotete Leinsamen
10 g Chiasamen
30 g Sesamsamen
20 g Hanfsamen
½ TL Salz
¼ TL gemahlener Kreuzkümmel
125 ml kochendes Wasser

1. Kürbiskerne nach Belieben kleiner hacken. Dann alle trockenen Zutaten in einer Schüssel vermischen.
2. Wasser einrühren und mindestens 30 Min. quellen lassen.
3. Masse auf ein mit Backpapier belegtes Backblech aufstreichen und stehen lassen, bis der Ofen vorgeheizt ist.
4. Backofen auf 160 °C Ober-/Unterhitze vorheizen.
5. Blech in den Ofen schieben und 20–25 Min. backen. Die letzten 5–10 Min. auf Sicht backen, also gut im Blick behalten, da die Cracker schnell zu dunkel werden können.
6. Aus dem Ofen nehmen und auskühlen lassen. Danach in Stücke brechen.

TIPP: Das Rezept kann man beliebig variieren. Einfach 150 g Saaten und Kerne nach Wahl verwenden. Davon sollte jedoch ein Großteil aus Leinsamen und Chiasamen bestehen, da sie quellen und für die Bindung sorgen. Man kann auch noch 1 TL getrocknete Kräuter wie Oregano mit in die Masse einrühren. Dazu schmecken ein leckerer Dip oder Aufstrich und Rohkost.

GETRÄNKE

Gurke-Zitronen-Wasser mit Apfelessig

vegan, glutenfrei

2 Zitronen
½ Salatgurke
einige Zweige Minze
1 l kaltes Wasser (nach Belieben 500 ml ohne, 500 ml mit Kohlensäure)
4–5 TL Apfelessig
Eiswürfel nach Belieben

1. Zitronen, Gurke und Minze waschen und mit Küchenpapier abtrocknen.
2. 1 Zitrone in Scheiben schneiden, die andere auspressen, mit Wasser in einen Krug oder eine Karaffe füllen.
3. Gurkenscheiben und Minze zum Wasser geben und alles gut umrühren.
4. Im Kühlschrank mindestens 1 Stunde, am besten über Nacht, ziehen lassen.
5. Vor dem Verzehr pro Glas jeweils 1 TL Apfelessig und 1–2 Eiswürfel hinzufügen.

TIPP: Das Gurken-Zitronen-Wasser kann man als erfrischendes Getränk über den ganzen Tag verteilt trinken. Als Essigdrink vor dem Essen (Essig-Trick S. 22) noch 1 TL Apfelessig hinzufügen. Aufgrund der Säure von Zitrone und Apfelessig ist ein Trinken mit dem Strohhalm zu empfehlen, um den Zahnschmelz zu schonen.

Beeren-Limetten-Wasser mit Apfelessig

vegan, glutenfrei

1 Limette
100–150 g Heidelbeeren oder Himbeeren
einige Zweige Melisse oder Minze
1 l kaltes Wasser (nach Belieben 500 ml ohne, 500 ml mit Kohlensäure)
4–5 TL Apfelessig
Eiswürfel nach Belieben

1. Limette waschen und mit Küchenpapier abtrocknen, dann in Scheiben schneiden. Mit Wasser in einen Krug oder eine Karaffe füllen.
2. Beeren und Melisse waschen, dann zum Wasser geben und alles gut umrühren.
3. Im Kühlschrank mindestens 1 Stunde, am besten über Nacht, ziehen lassen.
4. Vor dem Verzehr pro Glas jeweils 1 TL Apfelessig und 1–2 Eiswürfel hinzufügen.

TIPP: Das Beeren-Limetten-Wasser kann man auch als erfrischendes Getränk über den ganzen Tag verteilt trinken. Als Essigdrink vor dem Essen (Essig-Trick S. 22) noch 1 TL Apfelessig hinzufügen.
Aufgrund der Säure des Apfelessigs ist ein Trinken mit dem Strohhalm zu empfehlen, um den Zahnschmelz zu schonen.

Zitronen-Ingwer-Tee mit Apfelessig

vegan, glutenfrei

1 Stück Ingwer (2–3 cm)
2 Zitronen
1 l Wasser
4–5 TL Apfelessig
Minze nach Belieben

1. Ingwer schälen und in Scheiben schneiden.
2. Zitronen waschen und abtrocknen, dann 1 Zitrone in Scheiben schneiden, die andere auspressen.
3. Zitronensaft und Ingwerscheiben in ein hohes Gefäß geben.
4. Wasser zum Kochen bringen und dazugießen.
5. 3 Min. ziehen lassen, dann abseihen.
6. Zum Trinken in ein Glas gießen, 1 TL Apfelessig einrühren. Zitronenscheibe und etwas Minze hinzufügen. Den Tee kann man warm oder kalt genießen.

TIPP: Das Gurken-Zitronen-Wasser kann man auch als warmen oder kalten Tee über den ganzen Tag verteilt trinken. Als Essigdrink vor dem Essen (Essig-Trick S. 22) noch 1 TL Apfelessig hinzufügen. Aufgrund der Säure von Zitrone und Apfelessig ist ein Trinken mit dem Strohhalm zu empfehlen, um den Zahnschmelz zu schonen. Im Sommer einfach ein paar Eiswürfel hinzufügen, dann hat man Eistee.

Matcha-Kokos-Cappuccino

1 Portion
Pro Portion: 231 kcal/ 3,7 g KH/ 2,6 g P/ 22,9 g F
vegan, glutenfrei

½ TL Matchapulver
1 Msp. Vanillepulver
60 ml heißes Wasser
120 ml Kokosmilch

1. Matchapulver und Vanillepulver in ein Glas geben und mit heißem Wasser (ca. 80 °C) aufgießen. Mit einem Bambusbesen oder Schneebesen aufschlagen, bis sich das Pulver aufgelöst hat.
2. Kokosmilch in einen kleinen Topf geben oder in der Mikrowelle erwärmen. Mit einem Milchaufschäumer aufschäumen. Dann mit einem Löffel auf die Matcha-Mischung geben.

TIPP: Nach Belieben mit Matchapulver bestreuen.
Man kann den Matcha-Cappuccino nach Belieben mit etwas Erythrit oder Stevia(-Extrakt) süßen.
Der Schaum von Kokosmilch ist sehr feinporig und kann sich auch schnell wieder auflösen. Die Kombination aus Matcha und Kokos schmeckt aber sehr lecker. Für eine schaumigere Variante verwenden Sie Sojamilch anstatt Kokosmilch.

Heidelbeer-Avocado-Smoothie

1 Portion
Pro Portion: 290 kcal/ 13,2 g KH/ 5,8 g P/ 17,8 g F
vegetarisch, glutenfrei

100 g Heidelbeeren
50 g Avocado-Fruchtfleisch
100 g griechischer Joghurt, Natur
1 TL Hanfsamen
50–100 ml kaltes Wasser oder Eiswürfel (optional)

1. Heidelbeeren waschen und abtrocknen.
2. Avocado entkernen, halbieren und Fruchtfleisch mit einem Löffel aus der Schale heben.
3. Alle Zutaten in einen Mixer geben, pürieren und je nach gewünschter Konsistenz noch etwas kaltes Wasser oder Eiswürfel hinzufügen und mixen.

TIPP: Die Hanfsamen kann man auch erst nach dem Pürieren zum Smoothie geben.
Den Smoothie kann man auch löffeln oder als Smoothie-Bowl anrichten und mit gehackten Nüssen oder Mandeln bestreuen.

Mandel-Smoothie

1 Portion
Pro Portion: 215 kcal/ 3,5 g KH/ 19,6 g P/ 12,4 g F
vegetarisch, glutenfrei

200 ml Mandelmilch
50 g TK-Blumenkohl(reis)
20 g Vanille-Proteinpulver
1 TL ganze oder gemahlene Mandeln
1 EL Mandelmus

Alle Zutaten in einen Mixer geben und pürieren.

TIPP: Mit Erythrit oder Stevia(-Extrakt) nach Belieben etwas nachsüßen.

Das 4-Wochen-Quickstart-Programm

Änderungen in Ernährung oder Verhalten werden oft nicht umgesetzt, weil es zu kompliziert ist und man gar nicht weiß, wo man anfangen soll.
Mit diesem Schnell-Start-Programm zeige ich Ihnen, wie Sie ganz ohne radikale Umstellung Ihrer bisherigen Ernährung, und ohne Verbote, die ersten Tipps und Rezepte nach der Glukoseformel in den nächsten vier Wochen umsetzen können.

Noch ein paar Hinweise vorab:

- Auch wenn Sie abnehmen möchten und die Nährwerte bei den Rezepten angegeben sind, würde ich Ihnen raten, erst mal eine Woche nach diesem Programm auszuprobieren, *ohne* auf die Kalorien zu achten. Denn wie Sie bereits auf S. 34 (Tipp 13) erfahren haben, sind Kalorien nicht gleich Kalorien. Durch die Erhöhung der Ballaststoffe in der Ernährung – Gemüse und Salat – bleibt weniger Platz für Speisen mit viel Stärke und Zucker. Ist die Glukosekurve flach, wird weniger Insulin ausgeschüttet und die Fettverbrennung kann schneller wieder starten. Die Pfunde purzeln meist ganz von allein.
- Seien Sie in den nächsten Tagen und Wochen achtsam und reflektieren Sie die Veränderungen am besten täglich oder am Ende der Woche. Notieren Sie, was Ihnen auffällt: Wie fühlen Sie sich? Haben Sie mehr Energie? Bleibt das Nachmittagstief immer mehr aus? Sitzt der Hosenbund schon lockerer? Haben Sie weniger Süßigkeitengelüste? Hilfreiche Downloads, wie eine Wochenplan- und Ernährungstagebuchvorlage, finden Sie auf **happyfitfood.de/glukoseformel**.
- Die Tipps und Tricks müssen *nicht* genau in der Reihenfolge, wie sie im Buch oder in diesem Programm angegeben sind, umgesetzt werden. Wichtig ist, dass Sie das umsetzen, was am besten in Ihren Alltag passt und was Sie auch dauerhaft integrieren können.

Woche 1: Anfangen und die ersten Tipps umsetzen

Beginnen Sie mit

Tipp 1 (S. 13): Die erste Mahlzeit des Tages sorgt für Balance

Blättern Sie durch die Frühstücksrezepte ab S. 39 oder Eierlei ab S. 53 und suchen Sie sich Gerichte aus, die Sie diese Woche ausprobieren möchten. Viele Rezepte können Sie bereits für mehrere Tage vorbereiten.
Oder werden Sie kreativ und »verbessern« Sie Ihr Frühstück wie auf S. 14 beschrieben.

Ein Brötchen mit Butter/Margarine und Marmelade wird zu:
einem Vollkornbrötchen oder einer Scheibe Körnerbrot (S. 144), bestrichen mit 1–2 EL Frischkäse, belegt mit Schinken, einem gekochten, aufgeschnittenen Ei und einigen Kirschtomaten.

Ein Toast mit Butter und Honig wird zu:
einem Toast mit Nussbutter oder einer Scheibe Käse und einigen Kirschtomaten. Davor oder dazu ein Frühstücksei oder einige Löffel griechischen Joghurt mit Mandelmus (S. 142) genießen.

Gezuckerte Frühstücksflocken mit Milch werden zu:
Granola (S. 44) mit griechischem Joghurt, nach Belieben mit einem eingerührten EL Mandelmus, einigen Beeren und gehackten Nüssen oder Kernen und Saaten.

Bereiten Sie zudem gekochte Eier und Mandeln vor. Falls Sie kein Frühstück nach der Glukoseformel zu sich nehmen können oder wollen und es doch »nur« beim Croissant mit Frucht- oder Schokoaufstrich bleibt, können Sie einfach 1 Ei und einige Mandeln davor essen.

Die Umsetzung dieses Tipps ist die wichtigste Veränderung und hat Auswirkungen auf den Blutzuckerspiegel des ganzen restlichen Tages.

Tipp 6 (S. 24): Richtig trinken

Trinken Sie ausreichend Wasser und ungesüßten Tee oder bereiten Sie sich Gurke-Zitronen-Wasser (S. 150), Beeren-Limetten-Wasser (S. 152) oder Zitronen-Ingwer-Tee (S. 154) zu. Trinken Sie möglichst nicht innerhalb von 30 Min. vor der Mahlzeit und während Sie essen. Gönnen Sie sich gerne Ihren Kaffee zum Frühstück, aber achten Sie im Laufe des Tages bei Mittag- und Abendessen darauf, diesen Tipp zu berücksichtigen.

Tipp 5 (S. 22): Der Essig-Trick
Setzen Sie den Essig-Trick ein, ganz besonders vor jeder stärke- oder zuckerhaltigen Speise. Falls Sie den Essig nicht trinken möchten, kochen Sie zum Beispiel Brokkoli oder Blumenkohl für 2–3 Tage vor und mischen Sie ihn mit Essig und Öl, Salz und Pfeffer.
Oder wie wäre es mit einem kleinen Gurken- oder Tomatensalat? Diese Salate lassen sich auch gut in die erste Mahlzeit des Tages integrieren, etwa mit einem Eiermuffin (S. 54). Oder essen Sie eingelegte Gurken (S. 88) vor der Mahlzeit. Das wäre dann auch schon **Tipp 4 (S. 20) – Eine Vorspeise hinzufügen**.

Wie geht es Ihnen nach der ersten Woche?

Haben Sie die Tipps umgesetzt?

Haben Sie schon Veränderungen bemerkt?

Woche 2: Essgewohnheiten aus der ersten Woche beibehalten und zwei neue hinzunehmen

Das war eigentlich gar nicht so schwer, oder?

Tipp 2 (S. 16): Mehr Ballaststoffe in die Ernährung bringen
Bringen Sie diese Woche mehr Ballaststoffe ins Essen. Dazu einfach mindestens die Hälfte der Kohlenhydrate auf dem Teller durch ballaststoffreiches Gemüse ersetzen oder zum Beispiel etwas Gemüse unter die Nudeln mischen.

Tipp 3 (S. 18): Die richtige Reihenfolge
Achten Sie darauf, in der richtigen Reihenfolge zu essen: Gemüse und Salat; Fette und Proteine wie Fleisch, Fisch oder Ei; Stärke und Zucker wie Kartoffeln, Reis oder Nudeln und abschließend Obst oder ein Dessert.
Falls diese Reihenfolge zum Beispiel aufgrund der Zusammensetzung des Gerichts nicht möglich ist, **fügen Sie einfach eine Vorspeise hinzu (Tipp 4, S. 20)**!

Wie geht es Ihnen nach der zweiten Woche?

Haben Sie die Tipps umgesetzt?

Haben Sie schon Veränderungen bemerkt?

Woche 3: Verhaltensweisen festigen und Snackverhalten überdenken

Sie setzen mittlerweile schon richtig viele Tipps um. Das ist toll!
Konzentrieren Sie sich diese Woche darauf, die Tipps auch weiterhin richtig im Alltag einzusetzen und nehmen Sie zusätzlich die folgenden Gewohnheiten auf.

Tipp 8 (S. 27): Snackverhalten
Haben Sie eigentlich noch Hunger zwischen den Mahlzeiten? Oder sind Sie lange satt und die Zeit zwischen den Mahlzeiten ist kein Problem? Haben Sie noch Lust auf etwas Süßes zwischendurch oder etwas zum Knabbern?
Überdenken Sie diese Woche Ihr Snackverhalten. Falls Snacks überhaupt noch nötig sind, dann probieren Sie die Rezepte ab S. 135 für eine herzhafte Zwischenmahlzeit aus. Auch ein Matcha-Kokos-Cappuccino ist lecker anstatt des Nachmittagskaffees mit Cookies.

Tipp 7 (S. 25): Lieber ein Dessert als das Naschen zwischendurch
Falls es doch etwas Süßes sein soll, essen Sie es als Dessert.

Wie geht es Ihnen nach der dritten Woche?

Haben Sie die Tipps umgesetzt?

Haben Sie schon Veränderungen bemerkt?

Woche 4: Verhaltensweisen festigen und Zuckerkonsum überdenken

Nun sind Sie schon in der vierten Woche angekommen!

Tipp 7: Lieber ein Dessert als das Naschen zwischendurch (S. 25)

Durch die ständige Wiederholung bauen wir Gewohnheiten auf, und irgendwann müssen wir nicht mehr darüber nachdenken – sie werden zur Routine. Diese Woche geht es um die Themen »Zucker« und »Süße«.

Tipp 9 (S. 29): Guter und schlechter Zucker

Verschaffen Sie sich einen Überblick über die Lebensmittel in Ihrem Schrank und lesen Sie die Zutatenlisten ganz genau. Welchen Lebensmitteln ist eine große Menge an Zucker zugesetzt? Auf welche Süßigkeiten könnten Sie auch verzichten? Wenn Sie Süßes essen wollen, dann am besten als Dessert **Tipp 7 (S. 25)**.

Legen Sie sich nach Belieben ein Süßungsmittel Ihrer Wahl zu, beispielsweise Erythrit, Stevia oder Stevia-Extrakt.

Tipp 10 (S. 30): Gesundes Obst

Machen Sie sich bewusst, wie viel und wann Sie Obst essen. Wenn Sie einen Smoothie genießen wollen, dann probieren Sie doch mal den Heidelbeer-Avocado-Smoothie (S. 158) oder den Mandel-Smoothie (S. 160). Essen Sie Obst am besten auch als Dessert oder kombinieren Sie clever, wie in **Tipp 11 (S. 32)** erklärt: Die Kombination macht's.

Wie geht es Ihnen nach der vierten Woche?

Haben Sie die Tipps umgesetzt?

Haben Sie schon Veränderungen bemerkt?

In diesen vier Wochen haben Sie schrittweise bereits zehn Tipps und Tricks umgesetzt! Weitere Verhaltensweisen können Sie in Ihrem eigenen Tempo ebenso in Ihren Alltag integrieren. Bleiben Sie dabei und setzen Sie die Tipps weiterhin um! Schon bald werden neue Routinen daraus und Sie müssen nicht mehr darüber nachdenken, was zu tun ist.

Ich hoffe, Sie spüren schon jetzt die ersten positiven Effekte auf Ihren Körper und Ihr Wohlbefinden und wünsche Ihnen weiterhin viel Erfolg auf Ihrem Weg!

Über die Autorin

Veronika Pichl ist Autorin zahlreicher Kochbücher und Ratgeber. Mit ihren Büchern und ihrem Blog-Magazin »HappyFitFood – Gesunde Ernährung mit Fun-Faktor« möchte sie ihre Leser zu einem gesünderen und glücklicheren Leben inspirieren. Im riva Verlag sind bereits viele erfolgreiche Bücher von ihr erschienen. Mehr Infos zur Autorin und ihren Büchern finden Sie auf **www.veronikapichl.de**. Im Blog-Magazin von Veronika Pichl auf **www.happyfitfood.de** erscheinen regelmäßig leckere Rezepte, Meal-Prep- und Lunchbox- Ideen. Außerdem gibt es wissenswerte Beiträge, um mehr Bewegung in den Alltag zu bringen und Kilos zu verlieren, aber auch Tipps, um seine Ziele zu erreichen – für eine nachhaltige Lebensweise und mehr Zufriedenheit im Leben.

Bonusmaterial zum Buch

Auf **happyfitfood.de/glukoseformel** habe ich Ihnen weitere Tipps und hilfreiche Downloads rund um die richtige Ernährung für einen ausgeglichenen Blutzuckerspiegel zusammengestellt. Sie finden dort zum Beispiel eine Liste von Zuckernamen, Checklisten für glukosefreundliche Frühstücks- und Snackideen sowie Zusatzrezepte. Ebenso steht eine Wochenplan- und Ernährungstagebuchvorlage nach der Glukoseformel zum Herunterladen für Sie bereit.

Herzliche Grüße
Veronika Pichl

Register der Hauptzutaten

Bildnachweis

Shutterstock.com:
S. 8 + S. 11: Tatjana Baibakova; S. 10: Merchant BD; S. 12 oben: petrroudny43; S. 12 unten: Ana Blazic Pavlovic; S. 14 Smileys: khuluk; S. 14 links: aliasemma; S. 14 Mitte: Vladislav Noseek; S. 14 rechts: Tere Crystal Enns; S. 16: Virginia Garcia; S. 17 links: JacZia; S. 17 Mitte: Jacek Chabraszewski; S. 17 rechts: Nataliya Arzamasova; S. 19 oben + MItte: Timolina; S. 19 unten: NatalyaBond; S. 21 links: Sea Wave; S. 21 rechts: DronG; S. 23: Wiktory; S. 25 links: Yuliia Kononenko; S. 25 rechts: PicksArt; S. 29: Tatjana Baibakova; S. 31: DUSAN ZIDAR; S. 32: punsayaporn; S. 33: PhotoSGH; S. 34 links: Sea Wave; S. 34 rechts: JRP Studio; S. 35: Monkey Business Images; S. 37: baranq; S. 46: Flaffy; S. 47: Kolpakova Svetlana; S. 52: Silvia ND; S. 55: NatalyaBond; S. 57: nelea33; S. 58: Lapina Maria; S. 67: BarbaraGoreckaPhotography; S. 69: BarthFotografie; S. 71 + S. 76: Sea Wave; S. 73: Sergii Koval; S. 75: etorres; S. 79: Irina Burakova; S. 81: Yuliia Kononenko; S. 83: Iryna Pospikh; S. 89: Maria Tebriaeva; S. 91: FILMME; S. 95: Nataliya Arzamasova; S. 97: DronG; S. 98: AtlasStudio; S. 105: Sea Wave; S. 107: LNataly; S. 113: Tatiana Volgutova; S. 127: Bochkarev Photography, S. 129: New Africa; S. 134: Arina P Habich; S. 142: Pixel-Shot; S. 155: juefraphoto, S. 157: Olga Leschenko; S. 173: Nina Firsova

Stephanie Just:
S. 21 Mitte, S. 25 Mitte, S. 41, S. 43, S. 45, S. 48, S. 51, S. 61, S. 63, S. 65, S. 85, S. 87, S. 93, S. 101, S. 103, S. 109, S. 111, S. 115, S. 119, S. 121, S. 123, S. 125, S. 131, S. 133, S. 137, S. 139, S. 141, S. 145, S. 147, S. 148, S. 151, S. 153, S. 159, S. 161, S. 162

Quellen

1 https://www.sciencedirect.com/science/article/abs/pii/S0195666314002049?via%3Dihub
https://www.sciencedirect.com/science/article/pii/S0002916522031756?via%3Dihub
2 https://www.jstage.jst.go.jp/article/jnsv/64/5/64_316/_article
https://diabetesjournals.org/care/article/38/7/e98/30914/Food-Order-Has-a-Significant-Impact-on
3 https://www.nature.com/articles/1602197
https://pubmed.ncbi.nlm.nih.gov/7796781/
4 https://pubmed.ncbi.nlm.nih.gov/30144888/

Bibliografische Information der Deutschen Nationalbibliothek
Die Deutsche Nationalbibliothek verzeichnet diese Publikation in der Deutschen Nationalbibliografie. Detaillierte bibliografische Daten sind im Internet über http://d-nb.de abrufbar.

Für Fragen und Anregungen
info@rivaverlag.de

Wichtige Hinweise
Dieses Buch ist für Lernzwecke gedacht. Es stellt keinen Ersatz für eine individuelle medizinische Beratung dar und sollte auch nicht als solcher benutzt werden. Wenn Sie medizinischen Rat einholen wollen, konsultieren Sie bitte einen qualifizierten Arzt. Der Verlag und die Autorin haften für keine nachteiligen Auswirkungen, die in einem direkten oder indirekten Zusammenhang mit den Informationen stehen, die in diesem Buch enthalten sind.

Ausschließlich zum Zweck der besseren Lesbarkeit wurde auf eine genderspezifische Schreibweise sowie eine Mehrfachbezeichnung verzichtet. Alle personenbezogenen Bezeichnungen sind somit geschlechtsneutral zu verstehen.

Originalausgabe
1. Auflage 2023

Türkenstraße 89
80799 München
Tel.: 089 651285-0
Fax: 089 652096

Redaktion: Ulrike Reinen
Umschlaggestaltung: Manuela Amode
Umschlagabbildungen: Stephanie Just
Satz: inpunkt[w]o, Haiger (www.inpunktwo.de)
Druck: Florjancic Tisk d.o.o., Slowenien
Printed in the EU

ISBN Print 978-3-7423-2435-1
ISBN E-Book (PDF) 978-3-7453-2199-9
ISBN E-Book (EPUB, Mobi) 978-3-7453-2200-2

Wir produzieren nachhaltig
www.m-vg.de

Weitere Informationen zum Verlag finden Sie unter

www.rivaverlag.de

Beachten Sie auch unsere weiteren Verlage unter www.m-vg.de